MICHELLE e PAULO SILVEIRA

ATITUDE

A VIRTUDE DOS VENCEDORES

APRENDA COMO TER FOCO
NO QUE REALMENTE IMPORTA
PARA GERAR RESULTADOS
E CONQUISTAR O SUCESSO

Presidente:
Mauricio Sita

Capa:
Guilherme Xavier

Diagramação:
Wenderson Silva

Revisão Artística:
Edilson Menezes

Revisão:
Equipe da Editora Ser Mais

Gerente de Projeto:
Gleide Santos

Diretora de Operações:
Alessandra Ksenhuck

Diretora Executiva:
Julyana Rosa

Relacionamento com o cliente:
Claudia Pires

Impressão:
Imprensa da Fé

Dados Internacionais de Catalogação na Publicação (CIP)
(Câmara Brasileira do Livro, SP, Brasil)

Silveira, Michelle
Atitude! : a virtude dos vencedores / Michelle & Paulo Silveira . -- São Paulo : Editora Ser Mais, 2014.

ISBN 978-85-63178-47-3

1. Atitude (Psicologia) 2. Competências 3. Desenvolvimento pessoal 4. Sucesso em negócios 5. Sucesso profissional I. Silveira, Paulo. II. Título.

14-05179 CDD-650.1

Índices para catálogo sistemático:
1. Sucesso em negócios : Administração 650.1

Editora Ser Mais Ltda
Rua Antônio Augusto Covello, 472 – Vila Mariana – São Paulo, SP – CEP 01550-060
Fone/fax: (0**11) 2659-0968
Site: www.editorasermais.com.br e-mail: contato@revistasermais.com.br

De:

Para:

Crescendo hoje:

Prospere na vida, ria bem alto, seja autêntico, conte coisas boas ao próximo, conserve o colorido nas bochechas e o brilho nos seus olhos, adorne a sua própria pessoa, conserve a sua reputação, sua saúde, sua beleza, seus amigos, seu nome, e seu vigor moral, físico e espiritual.
Lembre-se: palavras formam uma imagem.
Realizações CONSTROEM uma biografia.

Seja bem-vindo à obra,

Tenha um excelente dia, hoje e sempre!

Michelle & Paulo Silveira

Agradecimentos

A conclusão desta obra me presenteia com a maravilhosa certeza de que a ATITUDE realiza sonhos, é capaz de transformar a vida das pessoas e fazê-las acreditar cada dia mais no seu potencial. Agradeço a Deus por mais esta realização!

Aos meus pais, incansáveis e sempre preocupados com a educação dos filhos, meu eterno agradecimento pelo carinho, dedicação e cuidado que sempre demonstraram por mim. Não moramos mais na mesma casa, mas sinto como se estivéssemos ainda mais perto, pois hoje a minha casa é também uma extensão do lar maravilhoso que sempre tive.

Às minhas amigas Carla, Elisa e Fabiana, que sempre compartilharam comigo momentos de grande alegria e felicidade. É ótimo ter vocês por perto, além da certeza de que nossas histórias de sucesso na vida estão apenas iniciando. Obrigada pela amizade verdadeira de vocês!

E ao meu amado marido, a quem dedico a realização deste sonho. Sem a sua lealdade, discernimento e perseverança, este agradecimento não seria lido. Sempre acreditou no meu potencial, e me fez chegar até aqui. Muito obrigada, você é minha inspiração diária e a fonte de minha energia!

AMO TODOS VOCÊS.
Michelle Silveira

Dedico esta obra a minha família, em especial aos meus filhos Paulo Cesar, Julio Cesar e Maria Julia. Aos meus fabulosos pais por acreditarem em mim, por me fortalecerem no seu amor, além de me educarem e me formarem da melhor forma que puderam; agradeço também aos meus pais por extensão Joana e Conrado Borchardt (agradeço além de sua amizade e discrição, sua serenidade e exemplo implícito diários) pela dedicação e carinho de sempre.

Aos meus amigos pessoais Gilberto Calzolari, Juarez Dias Fonseca Junior, Luciene Hara Corrêa, Pércia Fernandes, Ademir S. Stein, Leandro Chiaratto, Orlando Scabelli, Roberta Regato, Claudia Andrade, Sheila Dinelli e Edilson Menezes e sua família.

Agradeço a Daniela Agusso Luciano por ter me incentivado há quase duas décadas a me tornar palestrante, e a escrever minha primeira obra (A Lógica da Venda), ainda nesta época aprendi com ela que a felicidade está em nossa essência, e que a gratidão é uma das grandes virtudes da vida.

Aos meus Mestres e amigos: Dr. Lair Ribeiro (por acreditar em mim e por ter me apresentado na prática a palavra e o conceito de PROSPERIDADE) e Cesar Romão (por acreditar em mim e me ensinar que ser palestrante é mais que uma profissão; é sim um contexto de vida que exige o melhor de nossa essência para servir a humanidade).

À minha mulher pelo apoio e perseverança diários, pois com ela cresço como homem, marido, pai e SER HUMANO diariamente – AGRADEÇO A SUA LEALDADE e me transformo diariamente no seu AMOR MICHELLE.

Aos membros de minha equipe de trabalho, clientes e fornecedores. Aos milhões de pessoas das mídias sociais que se tornaram amigas e que contribuem para o meu crescimento pessoal, profissional e além disso, compartilham comigo suas experiências, gerando assim muita sinergia e prosperidade.

Agradeço pela confiança da Editora Ser Mais e toda a sua equipe por todos esses anos de amizade, e fortalecimento de nossa aliança a favor da cultura e desenvolvimento das pessoas.

Agradeço aos brasileiros que acreditam na prosperidade e ensinam as suas crianças sobre o fato de que liderança e prosperidade dependem da atitude, aliada ao trabalho dedicado, ético e inteligente.

Agradeço a Deus pelo meu abençoado sopro de vida diário, e que nos presenteia com suas infinitas lições de amor, paz, saúde e prosperidade... Afinal, com estas qualidades realizamos tudo o que queremos Ser, Fazer, Ter e nos TORNAR nesta magnífica vida.

Paulo Silveira

Apresentação

Nosso desejo nesta obra é propor ideias e facilitar o seu dia a dia em relação as suas ATITUDES. Um dos maiores benefícios deste livro é que você desenvolverá habilidades para liderar pessoas, mas para liderá-las você terá primeiro de liderar a si por meio do exemplo pessoal. Para que isso seja possível, compartilhamos pesquisas, experiências e ferramentas práticas para tornar o aprendizado simples, eficiente e eficaz.

A base desta obra é formada por ferramentas psicológicas e estratégias que podem ser usadas com eficácia e, com certeza, lhe trarão prosperidade. São elas:

- Ferramentas de liderança, para que você possa gerenciar um ambiente culturalmente diverso, globalizado, altamente tecnológico e em constante mutação.
- Estratégias e técnicas de influência aplicáveis a todos os tipos de comportamentos.
- Como facilitar sua participação com sucesso em entrevistas profissionais de admissão ou promoção.
- Como desenvolver as habilidades necessárias para mudar a perspectiva de colaboradores individuais para uma perspectiva gerencial.
- Como tornar-se consumidor(a) crítico(a) de conhecimento global, eliminando o risco de modismos gerenciais e liderança pouco assertiva.
- Como construir uma *network* forte, ganhando assim riqueza cultural e monetária.
- Como tornar-se um formador(a) de opinião.
- Como ter maior resiliência, influência intrapessoal e interpessoal.
- Como desenvolver posturas que trarão equilíbrio pessoal e profissional ao usar humor, emoção, presença de espírito e prosperidade, fortalecendo você nos infinitos campos da comunicação eficaz, liderança, relações humanas, planejamento e vendas.

Cinco dicas sobre como aplicar este conteúdo

1. Leia "ATITUDE – A Virtude dos Vencedores" da capa ao fim como conteúdo de aperfeiçoamento. Use um marcador para realçar ideias importantes e promissoras à luz das suas metas. Registre as mais relevantes em suas anotações pessoais e as use sempre que necessário.
2. Releia suas anotações enquanto espera uma reunião ou sempre que estiver disponível, reveja suas marcações priorizando o que acrescentará mais em seu dia a dia. Estude até as suas prescrições se tornarem familiares, até ter certeza de que as aplicará de modo apropriado sempre que surgir necessidade.
3. Este livro o beneficiará ao máximo sempre que você se defrontar com uma situação especialmente desafiadora, que exija gerenciamento e liderança. Também encontrará ferramentas de avaliação própria e em equipe, para que juntos se preparem rumo ao desenvolvimento total e constante.
4. Quando elaborar treinamentos, palestras ou discursos, onde persuasão e influência exijam eficácia, consulte os capítulos correlacionados, isso o ajudará a alcançar uma excelente performance, resiliência e equilíbrio constante.
5. Deixe este livro em algum lugar de fácil acesso, pois boas ideias serão sempre bem-vindas para o seu crescimento, evolução pessoal, profissional, equilíbrio e prosperidade. Pois:

A diferença está em VOCÊ,
na sua ESSÊNCIA E ATITUDE.

Metáfora da Autorrealização

Autor: Paulo Silveira

Havia uma ilha nas terras distantes chamada "desânimo", onde as pessoas dividiam em sociedade os mesmos hábitos de seus antepassados. Nasciam, cresciam, trabalhavam, casavam, envelheciam e morriam sem questionar as tradições. Elas desconheciam lazer, artes, as novas culturas e até necessidades consideradas básicas por outros povos.

Porém sentiam em seus corações que havia uma única possibilidade de descobertas: viajar com um estranho que aparecia às vezes, em seu barco maravilhoso e prometia que quem viajasse com ele, poderia se tornar uma pessoa melhor.

Em uma destas viagens, este barco tão admirado pelos ilhéus estava prestes a partir para uma viagem "muito perigosa", para as terras que tinham o nome de AUTORREALIZAÇÃO. Ninguém sabia ao certo onde ficava este lugar e tampouco se conseguiria voltar de lá, mas ainda assim alguns se arriscaram.

Dizia a lenda que para chegar às terras de Autorrealização, os navegantes passavam pelo estreito que conduzia ao mar das mudanças, onde as embarcações eram cercadas por belas sereias. Com seu mágico canto, a lenda dizia que as sereias faziam os tripulantes desistirem de entrar no mar das mudanças. E todos aqueles que no passado navegaram no mar das mudanças e escutaram as vozes das sereias, não retornaram mais à ilha; com exceção do estranho e velho lobo do mar, que se chamava "Entusiasmo". Após algum tempo atracado no porto da ilha, alguns homens e mulheres procuraram o capitão "Entusiasmo" e lhe disseram que queriam embarcar, mesmo sem saber o que lhes estava reservado nas terras de Autorrealização.

No dia combinado reuniram-se com o capitão e começaram a trabalhar sua meta, rumo ao destino que só dependeria deles, pois iam fazer uma viagem para descobrir novos horizontes. Alguns chegaram a cogitar que depois voltariam à ilha para trazer melhorias às pessoas que preferiram ficar em terra. Mas dessas viagens todas, apenas um homem voltava. O único no barco que retornou de todas as viagens feitas até então era o capitão "Entusiasmo". Isso causava medo na maioria, dizia-se até que o capitão "Entusiasmo" era louco e tinha um pacto com uma assombração chamada "Traiçoeira". E todos que ousavam enfrentá-la, morriam.

Mais um dia amanheceu e o capitão "Entusiasmo" preparou sua tripulação para a viagem, explicando o planejamento completo a todos, nos mínimos detalhes.

Após dois dias de viagem, enquanto navegavam pelo mar das dúvidas, a tempestade "Pessoas Negativas" surgiu. Foram três dias de luta constante da tripulação para vencê-la. Mas não houve nenhum problema, pois o capitão "Entusiasmo" ensinou a eles como viver em cooperação.

E assim o navio foi enfrentando diversos mares.

Passou por chuvas de obstáculos, ciclones de objeções e desviaram de vários *icebergs*, chamados vícios e fraquezas. O capitão "Entusiasmo", mais uma vez, compartilhou seus conhecimentos e tudo se resolveu, ensinando aos homens que paciência com as adversidades é uma virtude reservada aos prósperos. E ainda comentou que era nos vendavais e tempestades da vida que apareciam as grandes oportunidades para se tornarem melhores.

No decorrer da viagem, no entanto, alguns marujos se lançaram ao mar dos despreparados, e morreram afogados; outros morreram na passagem pelos mares da ansiedade; e vários foram acometidos por uma doença contagiosa chamada negativismo; restando poucos tripulantes na embarcação...

Um belo dia, o capitão "Entusiasmo" disse à tripulação:

- Já estamos chegando à ilha de Autorrealização, porém esta é a passagem mais difícil de toda a viagem. Vocês terão de contar uns com os outros em espírito de perfeita harmonia, cooperação plena e discernimento.

Finalmente chegou o dia em que o mar das mudanças estava cheio de sereias e antes que as sereias iniciassem o seu canto, o capitão "Entusiasmo" disse:

- Senhores marinheiros, chegou nossa hora final. Vou mais uma vez lhes informar sobre o mais traiçoeiro de nossos problemas, que é o canto das sereias. Elas os envolverão com seu doce canto, para que se joguem ao mar da desistência e deixem de entrar no agitado mar das mudanças.

Por favor, tapem os ouvidos e coloquem as vendas em seus olhos até chegarmos ao nosso destino, mas independente do que acontecer comigo, me amarrem no mastro mais alto do navio, para que eu possa orientá-los, pois sempre haverá alguém que vai enxergar mais longe e guiá-los até seus destinos.

As sereias começaram seu canto de forma devastadora. Era esta a música que elas cantavam, de forma hipnótica, com suas vozes doces: Você está em crise, você não ajudou a sua família, você nasceu pobre e terá que morrer pobre, a tecnologia vai substituir o homem, pare de estudar, não leia livros tolos, não ame sua família, venha para o mar da desistência conosco, lá é tudo tranquilo e calmo.

Todos os tripulantes, sob comando do lobo do mar "Entusiasmo", resistiram. Até que o canto cessou e eles chegaram ao seu destino: A ilha de Autorrealização. Nesta terra, as pessoas eram felizes, sorriam, trabalhavam árdua e prazerosamente em atividades diversas. Era um lugar maravilhoso, havia música, amizades, trabalho em diversas atividades, leis respeitadoras e gente hospitaleira. Cada marujo se apaixonou pelo lugar.

Após cumprir esta viagem, o capitão "Entusiasmo" perguntou se alguém queria voltar à ilha do desânimo, mas ninguém quis.

O capitão "Entusiasmo" estava indo embora, quando um de seus marujos perguntou:

- Por que o senhor fez questão de ver e ouvir as sereias do alto do mastro, capitão "Entusiasmo"?

E o velho lobo do mar respondeu com toda firmeza e experiência:

- Meu filho, é do alto que se enxergam as coisas melhores; o fato de ouvir e ver as sereias não me afeta mais. Mesmo que eu estivesse desamarrado, elas não conseguiriam mais me influenciar. Elas representam o eco da "morte em vida", o mesmo que vocês ouviam, viam e sentiam na ilha do desânimo. Ao passar por elas, vocês superaram a maior limitação humana: O MEDO DA MUDANÇA.

Moral da história: as sereias estão em todo lugar, tentando fazer com que você não MUDE e não se REALIZE.

O capitão Entusiasmo e você são a mesma pessoa, talvez ele esteja apenas adormecido. Ele espera que você o eleja como comandante da embarcação de sua vida.

Portanto, lhe faço uma pergunta: você já contratou o capitão "Entusiasmo" para ser condutor de sua vida?

Tenha um maravilhoso dia, hoje e sempre!*

*Texto inspirado na metáfora do canto das sereias do livro Odisséia de Homero.

Sumário

Prefácio

Sua vida é ATITUDE. Seus pensamentos, ações, a forma com que influencia a vida das pessoas, a maneira com que se deixa influenciar, seus relacionamentos e seu equilíbrio pessoal, emocional e financeiro. Este conjunto revela e diz respeito a sua ATITUDE, que pode fazê-lo crescer ou estagnar, sendo que a escolha será exclusivamente sua.

Se você não valoriza e não acredita nas pessoas, como espera que elas façam o mesmo por você? Tenha a atitude de apreciar e compreender os outros, interessar-se pelas pessoas e seus ideais.

Como você deseja prosperar sem manter laços e ligações com as pessoas? Tenha a atitude de relacionar-se, manter contatos e amizades, pois ninguém vive e se mantém de forma solitária no Universo.

Você já ouviu falar que mau humor atrairia coisas boas e pessoas inteligentes? Como não acredito nesta teoria e jamais ouvi algum relato a respeito, insisto na afirmação de que tenha a atitude de sorrir, manter o ânimo, o bom humor e o desejo de prosperidade e abundância aos outros.

Compartilhe a sua melhor essência, sempre!

Tenha a atitude de transmitir o seu melhor, seu conhecimento, e deixar que os outros aprendam com você. Você se tornará uma pessoa agradável e estimulante, e com certeza irá atrair semelhantes, que não enxergam o compartilhar como medo de perder algo, mas sim como uma oportunidade para se tornar mestre do Universo.

Procure seu equilíbrio. Não exerça atividades que o desgastem física e emocionalmente a ponto de perder sua vitalidade e comprometer sua saúde. Tenha a atitude de harmonizar alma, corpo e mente, evitando preocupações desnecessárias e o estresse da vida moderna.

Dinheiro é energia e precisa circular. Tenha a atitude de compreender a melhor forma de aplicá-lo e fazer com que trabalhe a seu favor. Energia acumulada não gera "riqueza".

Atitude é acreditar. Acreditar que pequenos gestos fazem a diferença, que cada pessoa tem em si uma essência maravilhosa e poderosa, que precisa apenas ser descoberta e estimulada. E você pode ser este estímulo, tendo ATITUDE por meio da prática das lições que estamos compartilhando nesta obra. Comece por elas e, em cada capítulo lido, reflita e exerça o seu melhor. Agindo assim, tenha a certeza de que o Universo sempre retribuirá cada atitude sua.

Você é único(a) no Universo, e talento sem atitude é fracasso. Por isso invista em você, em sua atitude, ela é contagiante e nos faz conquistar a felicidade e o sucesso.

Tenha uma excelente leitura, e que esta obra represente para você uma fonte de inspiração para suas atitudes, assim como significa para mim a realização de um sonho e o desejo de um mundo próspero.

Até breve!

Michelle Silveira

Introdução

O que é atitude?

Modo de proceder ou de agir; maneira, comportamento, procedimento

Atitude também se retrata como: opinião, convicção ou juízo de valor, baseado na experiência ou no conhecimento compartilhado. Essas disposições desenvolvem-se pela experiência direta, seja de forma solitária, por meio dos outros ou pela socialização. O estudo de atitude é particularmente importante para a avaliação de estereótipos, parcialidades, preconceitos, persuasão e desenvolvimento de virtudes. Principalmente, em relação às pessoas, é importante reconhecer a frequência com que exercemos e exibimos atitudes sobre grupos novos, com os quais tivemos pouco ou nenhum contato. Podemos, por exemplo, formar estereótipos sobre jornalistas e pensar neles como ambiciosos, bastante viajados, duros e cínicos, mesmo sem ter nunca conhecido um jornalista pessoalmente. Nesse caso, ocorre o processo de generalização, no qual uma atitude se estende a instâncias específicas dentro de uma categoria, de maneira a incluir todos os membros que dela fazem parte.

Pode-se dizer que as atitudes têm três componentes principais: o cognitivo ou intelectual (a informação que está à mão sobre determinado tema), o emocional ou afetivo (a reação imediata a tal informação) e o comportamental (a maneira como reagimos em relação ao que sabemos e sentimos). Confrontadas com questionários, as pessoas usualmente fornecem respostas que imaginam conformar com as expectativas dos outros e, portanto, respondem de maneira a se tornarem socialmente aceitáveis. Assim, respostas e testes de atitude podem muito bem ser inventados por conveniência. Por causa dessa possibilidade, muitos questionários fazem perguntas aparentemente indiretas, na esperança de que as pessoas não percebam seus propósitos reais e, consequentemente, ofereçam respostas "reais", formuladas através da espontaneidade.

Com base nessas considerações, conclui-se que a mensuração da atitude é uma questão altamente problemática, tanto em termos da confiabilidade e validez das respostas como em relação à ética, na medida em que existe a possibilidade de "enganar" os participantes.

A ATITUDE É A MAIOR VIRTUDE DE UMA PESSOA

O desejo de prosperar está em todos, mas são poucos que conseguem alcançá-lo.

Todos desejam bons resultados nos negócios, na vida familiar ou pessoal. Já nascemos evoluindo e por meio de atitudes de crescimento, como postura habitual, determinaremos gradualmente os resultados de nossa vida. A "atitude" é como moeda de ouro e está sempre em alta, além de valer em qualquer lugar. Diariamente notificada, talvez seja a maior exigência comportamental nas pessoas que buscam a excelência.

Quando falamos sobre atitude, nos referimos à posição ou direção que nossas ações, sentimentos ou inclinações revelam, pois são elas que direcionam as metas na vida. Nossas atitudes regadas de ações criadoras serão o catalisador do sucesso.

MAS, O QUE É SUCESSO?

Embora a definição seja subjetiva, podemos sugerir que o sucesso significa prosperidade e crescimento contínuo: uma bela casa, férias, viagens, novidades, segurança financeira. Significa dar aos nossos filhos e à nossa próxima geração o máximo de vantagens. O sucesso representa conquistar admiração, poder, liderança, ser olhado com respeito por todos, no escritório ou na sociedade. Sucesso significa liberdade: libertar-se dos aborrecimentos, dos temores, das frustrações e do fracasso. O sucesso significa respeitar a si antes de qualquer análise, encontrando mais felicidade e satisfação na vida, e ser capaz de fazer mais por aqueles que dependem de você e torcem pela sua prosperidade.

SUCESSO significa **VENCER**.

Obter sucesso, realizar-se, é o objetivo da vida!

Todo ser humano deseja sucesso. Todo mundo deseja o melhor que a vida tem para dar, mesmo que não assuma isso. Ninguém tem inveja dos que vivem rastejando em suas limitações. Ninguém gosta de se sentir inferior ou de se forçar a sê-lo.

Faça do sucesso o seu combustível diário, assim você será entusiasta naturalmente.

Lembre-se de que:

VENCER é servir, é compreender as necessidades das pessoas, é a arte de transformar dinheiro em amizade, é conseguir êxito.

Todo ser humano que consegue êxito se superou e venceu, e com certeza continuará vencendo em equilíbrio na vida.

Todas as pessoas deveriam aprender a arte de vencer, exigindo da vida melhores recompensas monetárias, vivendo de forma mais equilibrada e próspera, sempre... Pois nosso sucesso não se baseia somente em números e vitórias pessoais; mas também no número de vidas que podemos impactar de forma construtiva e positiva! Pois o único sinal de superioridade humana que conhecemos sobre outras pessoas é o da BONDADE a serviço do bem-estar coletivo.

Toda a questão da evolução e a única certeza que temos é a de que seremos superados, portanto: sucesso sem sucessor é fracasso, logo, liderança sem superação é regresso.

A maioria que serve e vive em silêncio, servirá por toda a vida. Os poucos que agem e são pertinentes farão a diferença, até porque contra evidências não há respostas contrárias. Portanto, não sabemos a receita da riqueza, mas a da pobreza é querer agradar a todos, logo, sua única riqueza passa a ser a sua **ATITUDE**.

12 Regras de ouro em relação à ATITUDE

Não há regras, leis ou tradições que tenham aplicação universal, nem estas a seguir, pois não há fatos, somente interpretações.

1. Tenha na educação o significado da vida.
2. Ninguém quer ouvir seus problemas ou ter piedade de você.
3. Trate as pessoas de forma cortês, serena, equilibrada e jamais de forma igual, e sim, com a mesma justiça.
4. É difícil fazer as pessoas entenderem algo, se o seu salário depender do seu não entendimento.
5. A família herda os bens, raramente os ideais (válido para a geração atuante, a antiga e a que virá). Focar-se para os seus ideais.
6. Evite os vales da infelicidade.
7. Tenha a atitude de ser rico(a) em sua forma mais nobre e completa como presente máximo do Criador.
8. Tenha prazer em pagar tudo que o Universo lhe propicia.
9. Tenha a atitude de encontrar no trabalho a essência de crescer infinitamente, servindo a vida em todas as suas formas.
10. Não acredite na pobreza e escassez de recursos, acredite na riqueza absoluta e nas leis de doação (caridade e generosidade).
11. Tenha a atitude de criar uma imagem impecável e próspera eternamente. Queira ser, fazer e ter com equilíbrio e abundância, sempre.
12. Toda atitude deverá estar acompanhada de um sorriso, pois o bom humor mantém o seu estado mental, físico e espiritual equilibrado. Sabe o que um sorriso pode fazer por você?

O **SORRISO** é uma consequência direta da felicidade.
O **SORRISO** é a expressão mais bonita que o ser humano tem.

O **SORRISO** embeleza qualquer pessoa,
O **SORRISO** nos traz forças e esperanças para lutar
contra todos os empecilhos.
O **SORRISO** é universal, tem reflexos por toda parte.
Quando sorrimos, mostramos que estamos felizes, de
bem com a vida; que temos esperança
e que não nos deixaremos levar pelos problemas.
Quando sorrimos, passamos a nossa alegria
para quem nos ama, e não damos prazer para
quem quer nos ver chorar.
Portanto, **SORRIA SEMPRE** para que o amor pulsante
em você transcenda energia para o próspero universo.

As atitudes têm poder de influenciar uma nação

Os verdadeiros líderes no lar, no bairro, nos negócios, na comunidade profissional, na educação e no governo parecem percorrer uma trajetória de muita "sorte", que os destaca do restante da sociedade. Em parte concordamos, até porque sorte para nós é quando a preparação encontra a oportunidade, de trabalharmos com inteligência, propósito, constância e equilíbrio.

A oportunidade para a pessoa próspera não está necessariamente ligada ao nascimento em berço de ouro, em ser mais forte, tampouco mais inteligente – a vantagem entre os vencedores está na atitude de proatividade, flexibilidade a novos aprendizados, lealdade, competência, disciplina e muito discernimento.

Comportamentos confiantes se atraem e criam valores através da sinergia. O princípio da reciprocidade social estipula que você recebe de volta o que dá aos outros, "O que vai volta". Se desejar que os outros confiem em você, o escutem, se preocupem com você, tenham respeito etc., antes você tem que dar tudo isso. Assim, terá uma chance maior de que isso lhe seja retribuído. Você demonstra comportamento confiante ao capacitar os outros, ao se abrir para influências, ao assumir riscos e ao querer mudar quando se coloca frente a novas informações.

A autoridade é o direito de influir sobre os outros e as empresas podem delegar esta importante função. Poder é a HABILIDADE de influenciar as pessoas. Podemos ter poder sem autoridade ou autoridade sem poder. Influência é a aplicação real da força sobre os outros. A influência é o poder colocado em prática; o poder é a influência latente. Controle é a aplicação da influência para modificar o comportamento da autossuperação. Podemos ter muito poder e até mesmo exercer muita influência, mas ainda assim sem conseguir que as pessoas façam o que queremos.

Infelizmente, muita gente se opõe a essa ideia, acreditando que o talento e a formação, pura ou simplesmente (ou talento somado à experiência) sejam suficientes para alcançar o sucesso. Ou, pior ainda, fica esperando a sorte coroar a vida de prosperidade e êxito, quando o que vemos, possivelmente, são pessoas que em dado momento pararam de criar sem sequer perceber, sofrem bem pouco e acreditam na sorte como receita mágica.

Construir qualquer coisa sem bases o fará contar apenas com a "sorte". Pergunte ou observe os "resultados" das pessoas que não venceram e esta confirmação se fará real.

A atitude recíproca ajusta-se ao ser exposta a outros

Vários fatores influenciam uma nação ao crescimento: suas raízes culturais, aptidões locais, recursos naturais, troca de informações, flexibilidade de aprendizado e disciplina. Quando estamos receptivos ao ensino e a novos aprendizados, com a humildade de sermos superados por ideias que agregam crescimento, deixamos de ser únicos e passamos a fazer parte de uma comunidade global.

Globalização no nosso ponto de vista é o processo em que a distância geográfica torna-se o fator de menor importância para o estabelecimento de relações econômicas, políticas e sócio-culturais através das fronteiras. Esse processo alcança tal abrangência, que as relações mudam fundamentalmente e as pessoas tornam-se conscientes dessa mudança. A internacionalização potencial das relações e dependências cria oportunidades para os visionários, ao mesmo tempo em que gera medo, ações e reações nas pessoas ainda não preparadas.

Somos seres sugestivos por vários fatores. Quando temos uma "liderança" familiar, religiosa, de *status* ou comercial, nossa percepção muda.

Quando a liderança está otimista diante de circunstâncias desanimadoras, os outros admiram essa qualidade e desejam "um dia agir da mesma forma". Quando os membros da equipe demonstram firme ética nas suas crenças e valores, passam a influenciar com impacto o ambiente. Logo, outros passam a imitá-los e, com o passar do tempo, essa influência positiva começará a estimular, inspirando outros pelo exemplo, a terem as mesmas atitudes.

Com isso, temos uma grande tendência a imitar e adotar as atitudes daqueles com os quais passamos bastante tempo – para compreender sua mentalidade, convicções, abordagens e ousadia perante os desafios diários.

E como diz o provérbio: diga-me com quem tu andas e te direi quem tu és.

As atitudes ruins aparecem e se espalham mais rápido, por isso devem ser evitadas ou combatidas

Você tem livre arbítrio para controlar suas atitudes. Há apenas uma coisa mais rápida do que as excelentes atitudes: as péssimas atitudes. Por essa razão, muitos acreditam que serão diferentes, mas adotam atitudes ruins e destrutivas. Temos a suposição de que pessoas temporariamente limitadas têm atitudes ruins para parecerem diferentes ou até mesmo importantes. Entretanto, a verdade é que uma atitude negativa nos prejudica, em vez de ajudar, além disso, contamina todo o coletivo.

A atitude mental positiva e criadora está em nosso controle. Todas as pessoas que você encontra diariamente devolverão a atitude que você apresentar a elas; portanto, no final das contas, é sua própria atitude em relação à vida que determina a atitude da vida em relação a você. Essa correlação muito conhecida pode se chamar lei do retorno ou, se preferir, regra da causa e efeito.

Se você ama a vida em sua excelência, quer extrair o melhor que ela tem a oferecer e projeta isso em atitudes, aqueles que o cercam vão reagir com comportamentos positivos; você se rodeará de pessoas que vão colocá-lo "para cima", desejando apenas o melhor.

Sua concepção de vida será de positividade, entusiasmo e riqueza plena pelo que está por vir. Sendo assim, não se permita ficar com pessoas negativas; pois as atitudes delas resumem-se em trazer todos para seu nível.

E, na maioria das vezes, elas não têm a menor percepção do que estão fazendo; logo, a sua consciência é muito ingênua para edificar algo.

Por esse motivo, procure pessoas prósperas para conviver, que "pensam grande", trabalham com zelo, amor e consideração pela humanidade.

Lembre-se: "Um investimento em conhecimento sempre paga o melhor juro e tem longa duração. Da mesma forma que o preço pago pela ignorância é tão alto que muitas vezes gera uma dívida de gerações." Eleanor Roosevelt

As atitudes são subjetivas, por isso, identificar a atitude a ser adotada dependerá de seu discernimento

A primeira impressão é a que abre portas; e será sempre a última impressão que manterá as oportunidades, os negócios, a reputação e as amizades mantidas.

A percepção sobre si é muito importante. Muitas pessoas acreditam ter uma conduta impecável por serem demasiado polidas em suas relações, e acabam transparecendo algo que não são.

Por exemplo: tentar demonstrar calma quando se é agitado, escutar uma pessoa falar sobre um determinado ponto de vista onde você não concorda em nada e para "ser agradável" finge fazê-lo, sem perceber que o seu rosto desmente suas palavras. Entre outras situações, a mais comum que observamos é quando alguém tenta ser uma pessoa no trabalho, outra em casa, outra na roda de amigos e assim por diante. Já no cotidiano e no calor das emoções, acaba demonstrando suas reais crenças e valores.

Portanto, é melhor demonstrar e fazer jus à imagem desde o primeiro contato, a ficar maquiando até ser desmascarado(a) e perder muito mais com isso.

Você já conversou com alguém pela primeira vez e desconfiou que a sua fala não correspondia às suas atitudes, sem conseguir identificar o que exatamente estava errado?

Possivelmente você pensou no seguinte comentário:

O que você é transparece tanto nos seus olhos que não consigo acreditar ou entender o que fala.

A atitude realmente tem a ver com o cotidiano das pessoas, por isso, mais cedo ou mais tarde, seu verdadeiro caráter irá refletir sua personalidade, ratificada pelo exemplo e pelo seu modo de agir.

A razão pela qual ficamos em dúvida a respeito das atitudes de outros é que estas são subjetivas. Mesmo que alguém não esteja fazendo nada ilegal ou antiético, ao "maquiar" suas crenças e valores, será pré-julgado, mesmo que o ambiente seja familiar ou comercial.

As pessoas sempre exteriorizam o que sentem. A atitude tem relação com o modo de SER de uma pessoa.

Isso se reflete em seu modo de agir. A riqueza da comunicação das pessoas, em 90% dos casos, está em seus gestos e expressões.

Uma pequena multidão supõe que as suas atitudes estão baseadas e demonstradas na comunicação eficaz, normalmente acreditam que as palavras certas e bem colocadas irão agregar e "maquiar" a sua real intenção. Infelizmente essas pessoas estão vivendo fora da realidade. Para demonstrar atitudes com eficácia, a linguagem corporal, o brilho no olhar e o tom de voz têm de ser congruentes com o conteúdo apresentado. Nem as palavras mais fortes, faladas em um único tom, com uma linguagem corporal sem vida, irão provocar o efeito desejado. Em um estudo conduzido na UCLA, o Dr. Albert Mehrabian constatou que quando os sinais verbais, vocais e visuais são incoerentes, a importância do conteúdo é de apenas 7% da mensagem. Nessa situação, 55% da mensagem é transmitida por expressões faciais e linguagem corporal, enquanto apenas 38% vêm da qualidade da voz – entonação, tom, volume e inflexão.

Pense nisso: se você tem o luxo de passar algum tempo com a pessoa que deseja influenciar, um sorriso delicado e suave, um aperto de mão firme e um bom contato visual podem funcionar bem. Até parece simples. Mas, se algo em sua voz for monótono ou gerar dispersão, for irritante ou chato, sua eficácia será reduzida em 38%. Pense nisso sobre seus clientes e todas as pessoas com as quais se relaciona diariamente. Você verá que faz muito sentido. Em suma, descontando a impressão física atraente, o que importa não é **O QUE** você diz, mas **COMO** diz. Ainda na mesma pesquisa do Dr. Mehrabian, ele descobriu que, ao falar ao telefone, as palavras usadas são importantes para apenas 16% da maneira como você – e os produtos e serviços que representa – são vistos. Os 84% restantes de sua impressão dependem de sua voz e dos sentimentos que as pessoas têm quando falam com você do outro lado da linha.

Tempo é questão de prioridade

"Quem teve a ideia de cortar o tempo em fatias, ao que se deu o nome de ano, foi um indivíduo genial. Industrializou a esperança, fazendo-a funcionar no limite da exaustão. Doze meses são suficientes para qualquer ser humano se cansar e entregar os pontos. Aí entra o milagre da renovação e começa tudo outra vez, com outro número e outra vontade de acreditar que daqui para diante vai ser diferente."

(Carlos Drummond de Andrade)

Como anda o planejamento de tempo da sua vida?

O que o uso do seu tempo diz aos outros? Você faz as pessoas esperarem e se atrasa?

Você deixa de cumprir prazos finais combinados? Arruma um tempo para dedicar aos seus amigos e à família?

O maior problema das pessoas é a falta de tempo, portanto saiba que tempo é muito mais do que dinheiro, tempo é vida!

O fato de não cumprir compromissos pode conduzir as pessoas ao fracasso em bem menos tempo do que se imagina. Seja pontual, cortês e educado(a). Com esta atitude, tenha a certeza de momentos de prazer a você e às pessoas com as quais convive.

Essas são reflexões importantes para se ter em mente ao ler dados fragmentados de estudos que medem atitudes. Com isso, compartilharemos, nesta obra preparada com absoluto amor, quatro virtudes estudadas e destacadas na vida de milhões de pessoas e são elas:

Gratidão, lealdade, discernimento e perseverança

Esta obra é única e tem por objetivo gerar uma sociedade que viva em paz, globalizada nas quatro virtudes dos vencedores, em harmonia, saudável, tão bonita e completa como o Universo em sua plenitude.

A sociedade muda quando os indivíduos que fazem parte desse sistema comum, chamado Universo, mudam e utilizam esse fabuloso instrumento da natureza, chamado Tempo, em parceria com suas atitudes e, na aplicação conjunta, escolhem viver de forma positiva e proativa. Ao iniciar seu desenvolvimento de vida, relações humanas, projetos etc., lembre-se da estratégia **I D A S:**

Intenção → alma
Decisão → mente
Ação → corpo
Sustentação → trabalhar, agradecer e gerar equilíbrio

Viva com atitude para prosperar nesse Universo e saiba que a única infelicidade é viver para impressionar os outros. E o mais importante: nesta obra você aprenderá com infalível certeza a ter mais IDAS e, como resultado, terá muito mais equilíbrio, riqueza, assertividade, aumento gradativo da sua autoestima e comunicação como ótimos retornos.

Atitudes: os determinantes das ações e dos resultados

Atitudes são os referenciais absolutos que determinam os cursos de ação a serem seguidos. As atitudes constituem uma força interior que impulsiona as pessoas em uma ou em outra direção. Daí a tarefa do dirigente de mudar as atitudes das pessoas e não as pessoas em sua essência. Direcioná-las para mudanças de conduta, do modo de agir e de enxergar o mundo que as cerca. A equipe que confia em seus líderes deseja imitá-los e muda suas atitudes para harmonizar-se com as deles.

Todos dirigentes são, em definitivo, depositários das instruções e metas que representam o modelo para as pessoas que constituem sua equipe, a fim de que possam adotar a atitude correta e desenvolvê-las nas pessoas, tendo de considerar essa obrigação como um depósito sagrado. Muitas vidas dependem de que sua atuação seja eficaz, assim os altos cargos devem representar um solene compromisso de atuação.

Interesse-se sinceramente pelos demais, e você poderá compreendê-los melhor. Uma vez que os conheça, você saberá o que fazer mediante as atitudes deles e poderá ajudá-los a modificar seus hábitos, tornando os resultados cada vez melhores.

Todos necessitam de uma força incentivadora. As atitudes vigorosas, sãs e positivas, dão essa força de estímulo, indispensável para alcançar resultados satisfatórios. Portanto, é preciso incentivar, direcionar e auxiliar seu pessoal a desenvolver atitudes que gerem uma força estimuladora.

Urgência. Certo sentido de apressamento, diligência e urgente atividade não só harmoniza como estimula atitudes que levam ao triunfo. Daí a necessidade de que os dirigentes criem e mantenham uma aura de apressamento, urgência e entusiasmo, mas sem pressionar seus funcionários e criar um clima de estresse. Deste modo, estabelecerá um clima propício ao aperfeiçoamento da atitude.

Dinamismo cria uma força de atração e um clima no qual as pessoas se sentem estimuladas à ação. As atitudes que conduzem a melhores resultados surgem precisamente dentro desse clima, que gera esforço maior, uma ação vigorosa produtora de ótimos resultados. É preciso saber criar o clima adequado no qual as pessoas possam se aperfeiçoar por meio de novas atitudes.

Envolvimento de toda unidade de trabalho é primordial para que qualquer projeto, realizado em conjunto, obtenha bons resultados e traga satisfação geral. O compromisso de alcançar o máximo aperfeiçoamento implica em dedicar-se completamente, comprometer-se a alcançar resultados excelentes e inspirar seu pessoal para que faça o mesmo.

Sinceridade é a melhor maneira de demonstrar sua satisfação ou decepção em relação às atitudes de qualquer pessoa. Para tal, use palavras que não sejam agressivas para indicar ações que reprova e faça isso o quanto antes, para que o erro não se repita. Incentive as atitudes positivas, utilizando elogios verdadeiros, que realmente demonstrem sua satisfação e indiquem que aprova determinada atitude.

Princípios da lealdade

Suas associações com outras pessoas terão grande papel no resultado final, pois a sinergia nos faz crescer e prosperar mais rápido. Temos certeza que devemos agradar, apoiar, zelar e incentivar todas as pessoas que nos agregam atitudes prósperas. É igualmente importante negociar e conviver somente com pessoas confiáveis e de boa reputação, pois isso envolve quantidades significativas de energia emocional, tempo ou dinheiro. Não se pode fazer um bom negócio com uma pessoa de reputação duvidosa, pois a confiança mútua é o segredo de um convívio sadio.

Faça alianças importantes com pessoas fidedignas. Afinal, capitais financeiros e emocionais tremendos podem ser perdidos se você negociar com pessoas de reputação questionável. Esta regra se estende também aos relacionamentos mais pessoais. Suas associações com outras pessoas terão um grande papel em determinar o calendário e a extensão de seu sucesso pessoal e profissional.

Escolha cuidadosamente as pessoas que trabalharão com você nos empreendimentos. Todo grande sucesso é o resultado de pessoas se unindo para alcançar resultados e prosperidade conjunta. O sucesso será mais rápido e mais "fácil" se você, cautelosamente, reunir e cuidar de seu time. A maioria das pessoas bem-sucedidas tem alguém que as ajuda nos bastidores.

A partir deste momento, você terá acesso a um conteúdo que facilitará sua forma de trabalhar em equipe, a favor de objetivos e crescimento comuns por meio de alianças de sucesso.

Se você está bem na sua carreira, faça uma lista das pessoas que o ajudaram mais até agora. Classifique-as do topo até a base e, então, destine 100 pontos às 10 do topo.

Em geral, as pessoas que o ajudaram mais, no passado, serão também as pessoas que poderão fazer isso no futuro. As vezes, entretanto, um bom amigo, que está de alguma maneira no final da lista, se torna um aliado potencial muito mais importante. Talvez porque ele ou ela tenha ganhado um novo e alto posto de influência, tenha feito um investimento que deu certo ou simplesmente por inspirá-lo a pensar em ter atitudes mais coerentes.

Faça o exercício novamente, classifique seus aliados de um a dez e distribua outros 100 pontos a eles, desta vez na base da habilidade futura de crescimento mútuo.

As pessoas nos auxiliam porque existe uma força muito grande que nos une, chamada "Lei da Reciprocidade". O Universo se encarrega de estabelecer várias leis que regem nossa convivência e uma delas é: o semelhante atrai o semelhante.

Isso significa que qualquer imagem mantida em nossa mente atrairá a imagem semelhante que está no Universo. Para fazer com que essa lei funcione, temos de manter sempre uma imagem viva em nossa mente, sem jamais suscitar dúvidas sobre a realização daquilo que projetamos. A vida pode nos presentear com dúvidas e incertezas eternas ou com a concretização das imagens que estavam em nossas mentes. A grande beleza de viver é que temos o direito de escolha.

É natural termos momentos em que nos sentimos inadequados e inseguros. Acontece com todos. Se não soubermos o que é isso, como iremos caminhar em equilíbrio e harmonia? Somente conhecendo os dois lados para podermos escolher. Uma visão dualista não materializará o que desejamos e sim todas as dualidades inerentes àquela visão. Uma visão sem nenhuma espécie de dúvidas sempre se realiza. Essa é a lei.

As melhores relações são construídas por esta lei e sete pilares distintos a permeiam: prazer mútuo da companhia, respeito às crenças e valores, experiências compartilhadas, reciprocidade, verdade e preservação da reputação alheia - mesmo que se tenha a chance de destruí-la para obter alguma "vantagem" e confiança.

Em nosso entendimento, tanto nas relações pessoais como nas relações de negócios, estes atributos se tornam entrelaçados e é impossível desemaranhá-los, mas você poderá ler cada um separadamente e usá-los conforme a sua conveniência.

1. Prazer mútuo

A primeira de nossas sete atribuições é a mais intrigante. Se você não tem prazer em falar com alguém, no escritório, restaurante, em casa, em uma ocasião social ou ao telefone, terá pouca chance de construir relacionamentos prósperos. As pessoas devem admirar e desejar ter o prazer de sua companhia também. Reflita por um momento nas pessoas com as quais você convive socialmente, divide seus sonhos e crenças ou, basicamente, por propósitos profissionais. Quantas delas você realmente gosta?

Um número surpreendente de pessoas gasta muito de seu nobre tempo com quem elas odeiam, desde reuniões infrutíferas, festas regadas à futilidade, por simples carência ou medo de críticas, sem perceberem que se trata de absoluto desperdício de vida, chamado "tempo" que, por sinal, é o nosso maior ativo. Este é um completo e absoluto desperdício de tempo, que se resume em vida.

Se não é prazeroso, é cansativo e com frequência muito caro, impede você de fazer coisas melhores, mais úteis e não o levará a absolutamente lugar algum. Gaste tempo, ou melhor, invista seu nobre tempo em contatos pessoais e profissionais que gerem prazer mútuo e, ser for apenas por interesse comercial, que traga benefícios reciprocamente.

2. Respeito às crenças e valores

A segunda de nossas sete atribuições baseia-se em respeitar a forma de vida das pessoas, suas escolhas religiosas, partidárias, estilo de vida, opção sexual etc.

Existem pessoas das quais gostamos intensamente, mas pelas quais não temos grande respeito profissional e vice-versa. Nunca avançaríamos a carreira de alguém se não respeitássemos suas habilidades profissionais e pessoais, pois uma é complemento da outra.

Se alguém está o ajudando profissionalmente, deve estar impressionado(a) com você!

No entanto, com muita frequência deixamos amizades que poderiam fazer muito por nós, devido a um ou outro ruído de comunicação que quase sempre se baseia em crenças e valores contrários aos nossos. Chamamos esse conjunto de ruídos de **"ISMOS"**, que são o sufixo de racismos implicitamente ou explicitamente inseridos em nossa educação. Vamos aos mais destrutivos ao meio:

IDADISMO - Racismo por idade. As pessoas mais "velhas" se autodestroem com comentários do tipo "já sou velho para aprender isso", "isso é coisa para jovens", "não tenho mais idade para este tipo de coisa" etc. E, por outro lado, o mercado de trabalho muitas vezes perde muito por não contratar alguém de melhor idade e que traz consigo uma bagagem de experiência fabulosa.

OBESISMO – Racismo por alguém que está fora do peso, que quase sempre se inicia na escola primária. Chamamos nossos amigos fora do peso de gordinho aqui, fofinho ali etc. Na fase adulta, principalmente, as mulheres são as mais prejudicadas; pesquisas provam que, numa entrevista de emprego, se houver um homem e uma mulher obesos, na mesma condição intelectual, 95% das vagas são preenchidas pelo homem, infelizmente.

SEXISMO - Racismo por opção sexual. Desde que o mundo é mundo, o homossexualismo existe e o único problema que oferece às pessoas de opção sexual diferenciada é a maneira como lidarão com seus familiares e amigos. É de conhecimento comum que a discrição é uma ferramenta poderosa para homossexuais que vivem em sociedades que discriminam, mas ainda assim a escolha é deles e devemos respeitá-la.

RACISMO DIRETO OU INDIRETO – Este é o tipo mais comum de racismo. Vemos diariamente, seja ele por cor, raça ou hábitos e, neste tópico, cabe comentarmos que nas diferenças nos tornamos mais inteligentes, mais bonitos, mais iguais e equilibrados.

REGIONALISMO – Racismo que prejulga uma pessoa pelo lugar onde mora. As pessoas preconceituosas entendem que se o bairro ou município tem problemas sociais, de violência etc., isso reflete na personalidade da pessoa. Esta forma de racismo nasceu no provérbio "diga-me com quem tu andas que te direi quem és". Acreditamos que o ambiente, de fato, faz a pessoa, como acreditamos que as pessoas têm escolhas, sempre. E à medida que escolhem trabalhar com afinco e têm a cultura como opção, ou mudam de seus bairros primários ou contribuem para a sua melhoria.

RELIGIONISMO – Discriminação pela opção religiosa de pessoas ou grupos. A maioria das pessoas é dotada de crenças a respeito da origem, da natureza e finalidade do Universo. A religião é como um "mapa", um referencial de tradições que nos remete às complexas questões existenciais. E cada um tem a sua. Como afirmam os estudiosos do cérebro, o mapa não é território. A intolerância quanto a este "ismo", em particular, vem gerando o rompimento de muitas amizades e até famílias inteiras. Na maioria dos credos existem charlatões que exploram os pontos fracos das pessoas e também profissionais sérios, verdadeiramente dedicados ao ser humano. Os espertalhões de plantão abusam dos momentos de adversidade do ser humano, como o desemprego, a separação, a prole envolvida com entorpecentes, a morte de alguém da família e assim por diante. Usam a dor destas pessoas em prol do enriquecimento material da "bandeira religiosa" que defendem. Como, felizmente, o bem sempre vence, também temos o prazer de contar com líderes religiosos das mais diversas ordens que buscam a evolução humana, ajudam pessoas carentes e menos favorecidas, sem nada querer em troca. Seja como for, por haver esta dualidade comportamental em cada um dos credos, devemos tolerar cada crença existente, para não cometermos a injustiça de condenar uma religião inteira por conta de uma única pessoa inescrupulosa. Se as pessoas do oriente médio entendessem isso, parariam de matar umas as outras sob o tão arcaico pretexto de "não tolerarem" as crenças dos vizinhos.

PARTIDARISMO - Racismo ligado ao fanatismo, direcionado aos partidos e seus respectivos afiliados. A política faz parte de nossas vidas desde os tempos mais remotos, e acredito ser importante e essencial participar dela. Em respeito aos nossos valores, todos nós devemos nos posicionar e assumir a preferência por um determinado partido, suas equipes partidárias e as pessoas que gozam de nosso apreço por suas carreiras íntegras e seu potencial de gestão. Há de se investir discernimento para escolher a pequena minoria idônea e capaz de administrar uma sociedade regada a cultura, integridade, gratidão, aprendizado e prosperidade.

TIMISMO - racismo relacionado ao excesso de paixão pelos times e associações esportivas. É natural, relevante e faz parte do ser humano torcer pelas coisas nas quais acredita. Isso vale para uma escola de samba, para o grêmio futebolístico, aos amantes de tênis, dos clubes esportivos, à instituição que nos formou e assim por diante. É salutar, pertinente e relevante respeitar as crenças, os valores e os pilares que fundamentam a fé e a motivação das pessoas.

NEGATIVISMO – Normalmente praticado por pessoas pessimistas e conformadas com o *status quo* em que vivem, este racismo é "transferido" para as pessoas positivas. É comum quando somos pioneiros em algum assunto ou muito positivos em alguns aspectos da vida, compartilharmos nossos pontos de vista. Temos de estar atentos, usar de um certo discernimento em relação a isso, pois existem pessoas que destroem a nossa energia mesmo sem perceberem, e ficam muito incomodadas com a nossa presença. Neste caso, a discrição é válida em relação a suas ideias e evolução, compartilhe com as pessoas que se relacionam diretamente e em relação às pessoas negativas: as respeite! O seu próprio exemplo cotidiano poderá inspirar e modificar a forma com a qual elas veem a vida, e quem sabe ainda ganhará ótimas amizades.

3. Experiências compartilhadas

Na aldeia global, poucas pessoas têm acesso a experiências profissionais importantes ou tempo para aprender tudo, por isso o foco torna-se importante. Experiências compartilhadas, especialmente as que envolvem fatores sociais de prosperidade ou problemas sociais, criam vínculos de proporções gigantescas.

Um dos meus maiores relacionamentos, tanto de aliado de negócio quanto de amizade, nasceu na minha época de estagiário. Eu trabalhava no departamento de engenharia de uma empresa e me preparava para ser um engenheiro, um homem técnico. Um de meus mentores disse que eu era um exímio comunicador e estrategista; de momento não entendi o que ele queria dizer, hoje sou um conferencista que vive de tornar a informação mais nobre, e de valor agregado a uso próprio, e alheio e vivo da venda de ideias. Esta evolução veio a partir da visão de alguém que naquele momento enxergou além da minha capacidade e percepção.

O compartilhamento de experiências nos traz à mente as palavras de William Shakespeare: "Sabemos o que somos, mas não o que podemos ser...".

Por isso, compartilhe o seu melhor e receba o que os outros têm de melhor, pois conhecimento compartilhado é conhecimento multiplicado, logo você receberá maturidade como recompensa. Portanto, maturidade é a emoção temperada pelo intelecto. A velocidade com que nos movemos, da reação ou interação emocional e cultural, trará a resposta intelectual e o nosso grau de maturidade.

4. Reciprocidade

Os semelhantes se atraem, limita-te a ser quem és: sereno(a), transparente e brilhante.

Quando irradiamos o que somos, quando em atitude e coração fazemos o que é justo e nos enobrece, trazendo brilho aos nossos olhos, isto afasta automaticamente quem nada tem a aprender conosco e atrai, sim, a quem tem muito a aprender e também a nos ensinar. Por isso dizemos:

Todas as pessoas que encontro são superiores a mim em alguma coisa. Eu aprendo e absorvo delas o seu melhor e complemento minha essência diariamente.

Para alianças funcionarem, cada aliado deve fazer muito pelo outro do grupo repetidamente, regularmente, por um longo período de tempo. Pois a reciprocidade requer que o relacionamento não seja unilateral.

Igualmente, a reciprocidade deve vir pelo respeito, pela admiração e não ser minuciosamente calculada ou baseada apenas em interesses pessoais. O mais importante é que você faça tudo o que estiver ao seu alcance para favorecer seu aliado, seguindo altos padrões éticos. Isso exige confiança, concentração, gratidão, disciplina, lealdade e predisposição para servir, indiferente de retornos.

O que nos surpreende na revisão das relações de negócio é o quanto desperdiçamos oportunidades para ajudar nossos aliados. Não é questão de ser bajulador ou interesseiro, mas o fato é que, em algum momento, sua atitude será retribuída e não custa nada estocar prosperidade e favores futuros.

Similarmente, a ajuda profissional e pessoal que você receberá é sempre igual ou maior àquela que você fornece. E, no final, o amor que você leva e compartilha com as pessoas, por meio de atos construtivos, será proporcional ao que o Universo lhe traz como lei de retorno.

5. Verdade

A verdade fortalece e alicerça os relacionamentos. A falta dela pode embaraçá-lo e gerar muitas perdas, principalmente quando se trata de reputação. A verdade precisa de total respeito em tempo integral. Verdade e honestidade são sinônimos para muitas pessoas... Se existir a suspeita de que você não está falando o que pensa, mesmo que pelas mais altas razões do pensamento ou para permanecer diplomático(a), tanto a verdade quanto a amizade podem ser minadas. Se você não acredita em alguém totalmente, não tente construir uma aliança, pois o rompimento lhe trará sérias sequelas a longo prazo, tanto pessoais quanto financeiras.

Mas se você realmente tem confiança total, isto torna as relações de negócio muito mais rápidas e eficientes. Um pouco de tempo e custos serão eliminados, gerando ganhos mútuos. Nunca penalize a verdade por capricho, covardia ou astúcia.

6. Preservação da reputação alheia - mesmo que tenha chance de destruí-la para obter alguma "vantagem"

Esta talvez seja a regra máxima das relações humanas, pois nela está a essência da humildade. Muitas vezes amigos nossos falam algumas "besteiras" ou "meias verdades" durante um diálogo ou negócio e nós reativamente logo vamos destruindo a pessoa, desmentindo-a somente para humilhá-la ou para parecermos mais inteligentes e superiores. Com isso, a única coisa que ganhamos é uma pessoa que, na primeira oportunidade, vai nos prejudicar de forma direta ou implicitamente. Lembre-se da regra de ouro:

Nenhum negócio ou relação humana será sadio se com eles conseguirmos inimigos.

Algumas pessoas, por insegurança ou medo de serem criticadas, merecem que as preservemos e as façamos sentir importantes. Com esta nobre atitude, teremos um respeito valioso e recíproco da parte de nossos parceiros de negócios, amigos, cônjuges, vizinhos, etc.

7. Confiança

Pare por um momento e pense:

- O que faz as pessoas confiarem em mim?
- O que faz com que você pense e confie nas pessoas?
- Por que a confiança é fundamental nas relações e nas alianças de sucesso?
- Por que as pessoas fazem piadas a respeito de "vendedores" o tempo todo e uma minoria realmente consegue se realizar com ganhos financeiros além dos padrões?
- O que faz você decidir na escolha do médico da família?
- O que distingue o seu corretor de seguros de todos os outros?
- Por que você gosta (ou não gosta) de trabalhar para sua companhia?

Várias questões, certamente com muitas respostas. Mas um traço em comum sempre emerge, com formas diversas, quando as pessoas respondem a essas questões: a confiança ou a falta dela.

Vejamos como o sentimento de confiança nos faz expressar de diferentes maneiras:

- Ele parecia estar genuinamente interessado em ajudar.
- Ele estava lá quando eu precisei.
- Ele é o tipo de pessoa com quem você pode contar.
- Por aqui eles fazem você se sentir parte do time.
- Se ele diz que vai fazer, é como se já tivesse feito.

Ou o oposto:

- Ele parecia estar somente interessado na comissão que ganharia.
- Eu tive a impressão de que ele estava pensando em outra coisa enquanto conversávamos.
- Esta é a promessa dela nesta semana. Na próxima, ela apresentará uma desculpa.
- Por aqui, é cada um por si. Ninguém se preocupa se você sairá bem-sucedido ou vai falhar.

Confiança é o fundamento de todos os relacionamentos no mundo pessoal e dos negócios. As pessoas trabalham para companhias e para gerentes em quem confiam. Compram de companhias e de vendedores em quem confiam. Elas podem não afirmar, mas é assim que agem.

Uma companhia tem produtos, distribuição e promoção, mas sua essência é feita de pessoas, que trabalham juntas para cumprir os objetivos da empresa e os objetivos pessoais, que se tornam mais factíveis se existir, de maneira constante, um alto nível de confiança, tanto dentro da organização quanto junto aos clientes lá fora.

A velha e boa estratégia de marketing, aliada a técnicas insinuantes de vendas e funcionários tratados com cordialidade ainda são insuficientes para o sucesso nos negócios. Após adotar tecnologia de ponta, técnicas diversas de persuasão e quaisquer estratégias comumente usadas, mais cedo ou mais tarde os empresários acabam descobrindo que o segredo é CONFIANÇA NAS PESSOAS.

Os clientes em potencial se tornam clientes reais, principalmente, quando existe um elevado nível de confiança nos vendedores. Após conquistá-los, saibam que o nível de fidelização está diretamente ligado ao nível de confiança, que se estiver inabalada, está garantida relação vendedor x cliente.

Os excelentes vendedores e gerentes constroem a confiança por meio das relações interpessoais. Como fazem isso? Por que isso acontece naturalmente com algumas pessoas e não com outras?

Assim como atletas profissionais, vendedores e gerentes não dependem das habilidades que têm "naturalmente". Em vez disso, eles fazem duas coisas:

1. Eles analisam o seu próprio comportamento para descobrir aquilo que está trabalhando em favor deles e aquilo que não está.
2. Praticam tanto para se acostumar a fazer a coisa certa que, numa situação real, eles instintivamente a farão.

Em outras palavras, dizer que algo vem "naturalmente" significa que eles aprenderam aquilo que funciona e então praticaram o suficiente para senti-lo de forma familiar.

Existem quatro elementos que se combinam para criar a confiança e eles abrangem tudo o que nós fazemos e dizemos: nossas ações.

As pessoas confiam em você somente por causa daquilo que faz. Isso é tudo o que elas sabem a seu respeito. Nada sabem de seus sentimentos, sua sinceridade ou suas boas intenções. Elas somente conhecem aquilo que você faz.

Os quatro elementos da confiança

CREDIBILIDADE - O primeiro elemento da confiança é a credibilidade. As pessoas com as quais você se relaciona desejam saber se você faz aquilo que diz que vai fazer. É extremamente difícil ter confiança numa pessoa que faz promessas e não as cumpre.

O negócio de automóveis usados, por exemplo, é sempre suspeito. Durante muitos anos, existiram muitas lojas e vendedores que transmitiram ao negócio um mau conceito por não serem confiáveis, por não realizarem aquilo que afirmavam verbalmente. As coisas mudaram, mas ainda será necessário um bom tempo para se reconstruir a confiança que o negócio perdeu em termos gerais. Esta é a razão pela qual ainda existem tantas piadas a respeito dos vendedores de carros usados.

Não faça promessa que você não possa cumprir, mesmo se pensa que isso resolverá o seu problema ou o tranquilizará numa situação tensa. Em longo prazo, isso o afetará. Faça o que você diz que vai fazer e se não puder, não afirme, pois responsabilidade e compromisso serão cobrados em todos os estágios de um relacionamento ou uma negociação. Deixar de cumpri-los afetará gravemente a sua credibilidade.

Pense na palavra responsabilidade, que podemos entender como habilidade suficiente para escolher a sua resposta. Significa assumir seus próprios atos diante de uma situação, em um trabalho individual ou em grupo.

As pessoas proativas sempre colocam em prática suas responsabilidades e se comprometem com o trabalho a ser feito.

Muitas vezes, também precisamos assumir a responsabilidade dos atos de outras pessoas para que o(a) outro(a) também possa aprender a ser responsável e a se comprometer com os resultados dessa atitude.

A responsabilidade é algo que pode ser aprendido e qualquer pessoa pode praticá-la.

Este é o primeiro elemento da confiança: **a credibilidade.**

ACEITAÇÃO - Embora a credibilidade seja muito importante, ela sozinha não construirá a confiança no relacionamento interpessoal. Existem mais elementos envolvidos. O segundo é a aceitação.

Todas as pessoas desejam ser aceitas por aquilo que são, e não serem julgadas, criticadas ou se sentirem inferiores.

É fácil para um gerente ou um vendedor julgar ou criticar. Eles têm a posição porque são competentes, conhecem a companhia e sabem aquilo que pode ser feito ou não. É fácil dar a impressão aos outros de que eles são ligeiramente estúpidos ou inadequados por não entenderem tanto quanto o gerente ou vendedor entendem. Empregar um jargão técnico ou uma obscura referência com os quais o subordinado ou cliente não esteja familiarizado faz com que a outra pessoa se sinta "por baixo".

Aceite as pessoas por aquilo que elas são. Jovens ávidos por saber ou velhos compartilhadores de sapiência – muito sábios ou relativamente ignorantes – extremamente trabalhadores ou mais ociosos – bonitos de parar o trânsito ou bonitos apenas por dentro... não importa!

A outra pessoa, na medida em que se relaciona com você, sente a sua aceitação ou não e fica a seu critério decidir a forma ou o momento de transmitir isso aos outros. Dê preferência a valorizar o ser humano, fazendo com que a pessoa com quem está se relacionando se sinta a mais importante pessoa do mundo. Você não está julgando ou criticando, mas aceitando as outras pessoas como são e pelo que são.

FRANQUEZA - O terceiro elemento da confiança é a franqueza. As pessoas tendem a cooperar mais com aquelas que se situam no mesmo "nível", que lhes contarão o necessário (mesmo quando alguns dos clientes possam ser um pouco desagradáveis) e que não ocultarão nada.

O presidente de uma grande e bem-sucedida companhia mantém essa frase sobre a mesa: "As pessoas podem levar boas novas ou más novas, porém elas não podem levar surpresas". Se você descobrir que houve mudanças de planos que afetam outra pessoa, ou se você está descontente com os resultados do trabalho dela, essa pessoa deve ser a primeira a saber. Ou, numa situação de vendas, se ocorreu uma modificação na data de entrega, o cliente deve ser o primeiro a saber. A outra pessoa respeitará e confiará mais em você pela sua franqueza. Você será o tipo de pessoa que é conhecida como honesta, íntegra e (se a aceitação é adicionada à franqueza) as pessoas desejarão trabalhar com você.

Além disso, se você conta abertamente às pessoas com as quais trabalha a respeito de como você se sente, o que pensa e aquilo no que crê, o que considera como prioridade, será mais crível. As pessoas trabalham melhor com profissionais nos quais confiam.

CONGRUÊNCIA - O quarto e último elemento que constrói a confiança é a congruência, o conhecimento de que aquilo que você diz é consistente com aquilo em que você acredita, que há verdade em suas ações.

Congruência soa como uma coisa parecida com confiabilidade, mas existe uma diferença. Confiabilidade significa acompanhamento e visão através de uma promessa ou compromisso que você assume. Significa: "Eu farei aquilo que digo que farei".

Quando dizemos coisas às pessoas, nós lhes transmitimos uma mensagem. Quando as pessoas observam as nossas ações em relação ao que dissemos a elas, também estão recebendo uma mensagem. Faz parte do comportamento humano acreditar mais firmemente na mensagem transmitida pela atitude do que na mensagem transmitida por palavras. Tome como exemplo um gerente que diz: "Meu trabalho é a coisa mais importante da minha vida", mas sai todas as tardes para jogar tênis. Tome outro exemplo, de um vendedor que diz a um cliente: "Você é o meu melhor cliente, você é importante para mim", mas liga para ele apenas uma vez por ano. Nos dois exemplos há uma diferença entre aquilo que foi dito e a mensagem expressa no comportamento. Qual será a mensagem na qual mais se acredita?

Nos dois exemplos, a falta de congruência nas mensagens causará uma redução, ou mesmo uma total destruição no nível de confiança da pessoa que está recebendo a mensagem.

Se você deseja ser confiável, tenha a certeza de que o seu comportamento transmite a mesma mensagem que as palavras afirmam.

Tome estes quatro elementos – CREDIBILIDADE, ACEITAÇÃO, FRANQUEZA E CONGRUÊNCIA – e os aplique em seu trabalho e na vida pessoal. Rapidamente descobrirá que você é o tipo de gente que mais e mais pessoas procuram, para comprar ou apenas para travar amizade. O fato importante é que apenas três dos elementos não são o suficiente.

Para construir uma duradoura e produtiva relação de negócios, todos os quatro são necessários. Frequentemente, leva-se tempo para construir a confiança junto a outras pessoas.

As pessoas não podem ler sua mente. Elas ouvem suas mensagens verbais e observam suas mensagens não-verbais – seu comportamento. Elas tiram suas próprias conclusões. Isto significa que, em certa extensão, o fato está fora do seu controle. A percepção delas sobre sua mensagem é a base sobre a qual a confiança é construída (ou não construída). O aspecto crítico para você é começar a monitorar seu próprio comportamento e refletir sobre a mensagem que os observadores mais gostariam de receber. Se você suspeita que a conclusão delas não é aquela que você gostaria, terá de lhes indagar e esclarecer sobre as razões que as conduziram a agir da forma como fizeram. Assim, pode assegurar-se que a conclusão delas é a adequada.

Se escolher não monitorar seu próprio comportamento desta forma, você deve saber as consequências. Qualquer ato descuidado, que pareça ir contra um dos ingredientes da confiança, um gesto reticente ou que não gere credibilidade, por exemplo, pode destruir o nível de confiança original e isso pode levar apenas alguns segundos. Se isso infelizmente ocorrer, o nível de confiança pode levar anos para ser reconstruído. Então, comece realmente a monitorar seu comportamento hoje e seja bem-vindo(a) à prosperidade.

Você nunca se arrependerá por haver aprendido e praticado a construção da confiança, pois por meio desses alicerces a sua vida pessoal e profissional terão significados e resultados fabulosos.

1

Como a GRATIDÃO modela nossas crenças, valores e formas de sucesso na vida

Desde o primeiro momento, a necessidade de vencer é o gene dominante de nosso DNA, pois nascemos por meio da competição e com a certeza de evoluirmos pela eternidade, através da gratidão e do legado.

Não há presente maior que a nossa vida. Obtida num suspiro divino, por meio do amor de nossos pais, nossa única vocação é vivermos bem, aumentarmos nossa experiência confraternizarmos com as lições sábias da natureza e adquirirmos, com outros seres humanos, aperfeiçoamento constante, pois nos compomos do que temos e do que nos falta. Somos parte de tudo aquilo que aprendemos, confraternizamos, ensinamos e construímos. Em busca da outra parte, em um caminho solitário e solidário. "Porque metade de mim é amor e a outra metade criação", como diria Oswaldo Montenegro.

O propósito, na atitude, cria uma visão. A visão produz metas.

As metas determinam as etapas necessárias que nos levam à direção e aos objetivos desejados. O sucesso tem muito pouco a ver com o que você acumula ou possui. O sucesso pode ser definido pelo propósito. O propósito é a intenção original da criação. Ele é a razão para sua existência. É a própria razão de existir.

Seja uma pessoa de atitude e use todas as virtudes que a vida o presenteou para prosperar hoje e sempre

A nossa vida se baseia em lições diárias, crenças, valores e culturas. Acreditamos que o elo mais forte entre as virtudes dos prósperos e a destruição daqueles que ainda não prosperaram seja suas crenças. Elas são o termômetro que define nossas vidas. Por séculos se acreditou na lei da escassez, na pobreza, na mesquinhez e no fracasso.

Hoje acreditamos que a abundância está ao alcance de todos e com imenso prazer compartilharemos nesta obra muitas dessas nossas crenças, cujo poder nos permitiu a oportunidade de escrevermos estas, prosperarmos como seres humanos, nos trouxeram equilíbrio emocional, profissional, financeiro e a chance de evoluirmos de forma altruísta.

Como desenvolver a força da CRENÇA

Apresentaremos aqui os pilares para adquirir e aumentar a força na sua crença, potencializando a sua atitude e, como consequência, permitindo acumular ainda mais virtudes dos vencedores.

1. Pense sempre na prosperidade constante, jamais no insucesso

Na sua vida pessoal e profissional pense que você vai ser bem-sucedido(a), que nasceu para evoluir, compartilhar prosperidade e doar o melhor de sua essência sempre. Quando estiver diante de uma situação difícil, pense: "Eu vencerei" e não "Provavelmente eu perderei". Quando concorrer com alguém, diga sempre: "Sou igual aos melhores", e nunca "Ele me sobrepujará". Quando surgir uma oportunidade, pense: "Sou capaz de fazer", e nunca "Sou incapaz". Permita que o pensamento de "ser próspero(a)" domine todo o seu processo mental. Pensando na prosperidade, você condiciona o seu cérebro a criar planos que levam ao sucesso. O pensamento na derrota opera exatamente em sentido oposto, condicionando a mente a produzir outros pensamentos que conduzem ao insucesso.

2. Lembre-se regularmente de que você é melhor do que pensa ser

As pessoas que venceram não são super-heróis. A prosperidade não exige super inteligência, nem qualquer elemento de natureza mística, bem como não depende da sorte. As pessoas bem-sucedidas nada mais são do que gente que desenvolveu o poder de acreditar em si e naquilo que realiza.

3. Acredite com fé e convicção plena, projete com sonhos e transforme com trabalho

Sua prosperidade acontecerá pelas atitudes, responsabilidades e intensidade de suas crenças. Ter pequenas ambições é muito perigoso, pois corremos um sério risco de realizarmos, por isso devemos pensar grande. Aspire grandes realizações e obtenha nas quatro virtudes tudo o que deseja. Acredite, com muita convicção, que as grandes ideias e os grandes planos são muitas vezes mais fáceis - e certamente não mais difíceis – do que as pequenas ideias e pequenos planos. O Universo é um imenso catálogo, pense no que deseja, coloque prazo, monte a estratégia, pense nos aliados e faça acontecer.

O tamanho de seu sucesso é diretamente proporcional à intensidade de sua crença. Ter pequenas ambições é esperar pouco. Deseje grandes coisas e obtenha prosperidade.

4. Desenvolva sua gratidão hoje e sempre, pois pode não haver amanhã

Você conhece pessoas que ao acordar dizem:

"Hoje o dia vai ser uma droga", "Não fala comigo porque hoje estou de mau humor", "Bom dia por quê?", "Que tempo horrível! Só chove", "Meu trabalho é um saco, não vejo a hora de arrumar algo melhor", "Minha mulher não me satisfaz", "Sou assim porque meu pai me batia...", "Não sou rico porque meus pais se separaram quando eu tinha seis anos" etc.

Temos a péssima mania de reclamar de tudo e de todos. É algo inerente ao ser humano: de olhar o que temos para somente lembrar do que não temos ou, então, daquilo que não está a nosso gosto. Mude esta atitude negativa imediatamente.

Daremos, no texto a seguir, algumas reflexões para ajudá-lo na calibragem de seu crescimento, equilíbrio, valores, autoestima e autorrealização.

Como está o seu equilíbrio físico e mental hoje?

- Eu acho que estou com a mente inquieta.
- Eu acho que estou com a mente alerta.
- Eu acho que estou incomodado(a) e sereno(a), com a mente aberta.
- Por quem tenho sido idolatrado(a)?
- Será que tenho sido grande ou ineficaz?
- Será que tenho sido ético(a) ou mascarado(a)?
- Será que tenho sido gênio ou desalmado(a)?

Pois é:

- De que vale dinheiro sem alma?
- O abraço sem calor?
- O título sem sucesso?
- Resultados sem amor?

Saiba que o número de benefícios além de nosso poder aquisitivo é enorme, não importa quão "próspera" seja a nossa situação financeira. A cada aumento de renda, um novo perímetro de consumo se forma e talvez tenhamos a mesma sensação de falta. O problema será resolvido quando aceitarmos o fato de que a felicidade é uma ATITUDE presente e não condições futuras ou materiais, que títulos e bajulação não enobrecem ninguém e o tempo apaga lembranças de dinheiro sem alma e títulos sem valor. Mas jamais apagará dedicação e carinho de um ser humano ao servir outro com AMOR.

Preste atenção a todos os momentos, você criará uma nova relação com o tempo. Essa absorção diminui seu ritmo interno. A diminuição, por sua vez, intensificará e alimentará o seu senso de apreciação profunda e, ao mesmo tempo, tornará seus momentos pessoais, profissionais e familiares mais nobres.

Sucesso à custa da família, na verdade, é fracasso

Com o amadurecimento sereno, passamos a viver momentos mágicos, diminuímos o ritmo, nos tornamos mais eficientes, produtivos, energéticos, entusiastas naturais - melhores pais, mães, cidadãos, SERES HUMANOS! Você não só mergulha no momento, mas cresce, se transforma no próprio momento, resgata raízes e sua essência mais nobre, vivendo, assim, mais feliz. Não se recuse a engolir as lições das perdas amargas que o tempo impõe, pois elas nos fazem crescer, alimentam e fortalecem nosso caráter e nos tornam mais humanos.

Depressão, tédio, neuroses, melancolia são graus diferentes da incapacidade de aceitar a perda. É preciso EVOLUIR pelo choro, pelo diálogo, ao pedir perdão, ao perdoar, ao pedir desculpas, ao amar o próximo, ao se deixar amar e ao começar de novo!

Não existem seres humanos privilegiados, pois não há desigualdade na capacidade humana. Há apenas pessoas de ATITUDE desenvolvida e pessoas que não a tem desenvolvida. Não há, no entanto, pessoas que não queiram evoluir, ser amadas, prosperar, por mais que algumas neguem isso. Dizer que há pessoas sem essa faculdade de evolução é o mesmo que afirmar que há pessoas sem alma. Há apenas pessoas temporariamente ociosas na busca da ATITUDE. E o mais importante é:

Ignorar aqueles que dizem que é tarde demais para recomeçar. Evoluir é ótimo, nos faz crescer, nos dá "excitação". Desconsidere quem afirma que você nunca será nada, que não pode enriquecer, que não pode amar. Não dê ouvidos àqueles que não acreditam que você é esperto(a), grande, amoroso(a), próspero(a), feliz, "rico"(a), rápido(a), EVOLUÍDO(A). IGNORE-OS!

Você é tudo isso e muito mais. O crescimento infinito o espera, sem medos, sem culpas, sem fracassos, sem pecados, sem críticas, sem depender de outrem. Faça pelo prazer de evoluir e por ser a mais fabulosa criatura neste vasto universo.

Tenha atitude para evoluir, ela é o seu maior patrimônio

Acreditamos que existem várias formas de evoluir, uma delas é agradecer diariamente pelo dia presente e toda a sua vitalidade. Daremos abaixo uma oração que, independente de sua crença, nos traz muita paz e a outros milhões de pessoas com quem compartilhamos.

Oração da prosperidade por Paulo Silveira

Senhor, fazei-me instrumento de Vossa Paz
De mim, a sua imagem e semelhança
E que eu, como um vencedor, traga sempre
prosperidade e perseverança.
Que a "riqueza" faça parte de um todo e prospere a todos nós
Que a cultura cure todas as doenças
Que a comunicação cure todas as ofensas
E que a prosperidade não dependa mais de crenças
Que o trabalho seja abençoado
O progresso menos criticado
O voto de pobreza seja totalmente eliminado
E que a "riqueza" pertença a todos nós
Não quero pedir nada, Senhor
Neste momento só tenho a agradecer
Que o Senhor me traga paz sempre
E só nos faça crescer. AMÉM!

Esperamos que aprecie e aprenda a doar mais do que pedir, pois na vida ou se é altruísta ou mesquinho(a). Há seres humanos que não dão bom dia, mas querem receber um lindo sorriso, que não gostam de pagar, mas gostam de receber, que não gostam de trabalhar, mas querem enriquecer, que não querem estudar, mas querem sabedoria, que não amam ao próximo, mas desejam amor incondicional, que não zelam pela sua saúde, mas querem viver bem, que não preservam seu ambiente, mas querem bem-estar. A lista é imensa e a regra é clara.

Viva pela prosperidade e o universo se abrirá como um grande catálogo, ou continue vivendo mal, reclamando de tudo e de todos, pois os ingratos também são filhos do universo e viverão a sua passagem aqui cerceados por mesquinharia, por não terem atitudes condizentes à sua imagem e semelhança. Qual foi a sua escolha até hoje?

A seguir daremos algumas regras de ouro para que sua vida seja rica nos vários aspectos da sua existência e para que o equilíbrio seja constante.

Convicções que constroem uma nação

Pessoas de atitude são convictas em seus ideais e por meio deles se tornam prósperas. A seguir, algumas sugestões das mais poderosas convicções para a construção e o fortalecimento do caráter e da fibra moral.

Acreditamos que daqui a 40 anos colocaremos nossos bisnetos no colo e lhes diremos: "Nós tornamos o Brasil próspero, um modelo para o mundo. Não esperamos por permissão nem por consenso, nem aprovação de outrem. Construímos pelo amor, pelo trabalho contínuo. Base educacional contínua é ética constante."

1. Tudo o que acontece me beneficia.
2. Humildade significa ser autêntico(a), sem pretensões, arrogância ou filtros de terceiros.
3. Qualidade, integridade e autenticidade jamais deverão ser virtudes negociáveis, pois elas, entre outras, são algumas das bases que formam os valores máximos do homem e lhe trazem credibilidade infinita.
4. Não existe fracasso, apenas resultados.

5. Eu assumo a responsabilidade por tudo que me acontece.
6. Não preciso entender tudo para fazer tudo.
7. Os seres humanos em harmonia com a natureza são a "maior escola" do universo.
8. Meu trabalho constrói e traz prazeres indescritíveis.
9. O saber só é poder quando é usado de maneira construtiva.
10. O sucesso é um fato relativo, efêmero e proporcional à minha perseverança.
11. Todo ser humano nasce com três nomes: o dado pelos pais, aquele pelo qual os outros o chamam, o que ele constrói por si, lhe dando a opção de imortalizar e honrar seu legado em vida "PRESENTE". A opção de construí-la e viver de forma nobre será sempre sua.
12. Escolho ser proativo como propósito de vida.
13. Usamos a crítica para alimentar, fortalecer e orientar a nossa próxima geração frente a erros desnecessários, permitindo-lhe desenvolver pensamentos criativos para obtenção rápida de respostas efetivas. Ensinamos que é necessário agradecer aos nossos críticos, assim como aos inimigos. Mas aconselhamos a nunca bobear e ficar de costas para eles, pois o ímã negativista está em todo lugar e as críticas, na maioria das vezes, são elogios disfarçados para a nossa evolução.
14. A família herda os bens, raramente os ideais.
15. Honro, respeito minha família e escolho como guia de vida os valores absolutos: patriotismo, coragem, amor, civilidade, amizade, frugalidade, trabalho com essência, inovação e educação constante, pois essas são as bases para se construir um fabuloso mundo.

- Para um ser humano vencedor não existem derrotas.
- Para quem escolheu a prosperidade como estilo de vida tudo tem um proveito.
- Não existem perdas, apenas fins de ciclos.
- Não existem tombos, apenas mudanças.
- Não existem inimigos, apenas pessoas diferentes.
- Não existem problemas, apenas chances de exercitar.

- Não acontecem desgraças, apenas chamas passageiras.
- Não há orgulho ferido, apenas lições de vida.
- Não existem comodismos, apenas rápidos descansos.
- Não existem os fracassos, apenas o sucesso alheio, que também pode ser seu.
- Nas virtudes dos vencedores, a única regra universal é a que nascemos para vencer e prosperar hoje e sempre. Porque a vida só leva com futuro promissor quem ama viver e trabalhar com inteligência, constância e ATITUDE.

Diferenças entre os seres humanos vencedores e os seres humanos mesquinhos

O ser humano VENCEDOR	**O ser humano mesquinho**
O ser humano vencedor é fácil de servir, mas difícil de agradar	O ser humano mesquinho é difícil de servir, mas fácil de agradar
vê uma questão de crescimento sob todos os aspectos	só vê a partir de sua perspectiva preconceituosa e gananciosa, e vive na lei da escassez
esforça-se para desenvolver aspectos superiores de educação, evolução e personalidade	permite que aspectos inferiores de seu caráter floresçam sempre
chama a atenção para os pontos positivos e as melhores qualidades de outros seres humanos	chama a atenção e passa todo o tempo fazendo comentários destrutivos de outros seres humanos
pode influenciar outros seres humanos com níveis maiores de cultura e abundância financeira	mal consegue influenciar os outros em seu meio e, na maioria das vezes, só influencia no sentido de destruir e levá-los à pobreza mental, material, física e emocional
faz exigências para consigo mesmo	impõe exigências a outros seres humanos na maioria das vezes como cobranças sem fundamento
é lento, sábio e agradecido nas palavras, mas rápido e entusiasmado nas realizações	é rápido nas promessas e mal agradecido e lento para cumpri-las – quando as cumpre
é diligente na determinação do que é certo e realiza para o ganho de todos no ambiente em que vive	é diligente na determinação do que compensa para ele, mesmo que destrua outros seres humanos e o ambiente onde vive

é sereno, plácido e serve de exemplo	é nervoso, inquieto e péssimo ex.
culpa a si mesmo pelas suas atitudes e resultados	não assume nada que faz e vive culpando os outros pelo seu péssimo resultado
constrói, por meio das suas realizações e altruísmo a sua importância em seu meio	se julga importante e raramente agrega algo ao seu meio

Na presença de um ser humano vencedor, pense em como você poderá se igualar a ele num primeiro momento para depois, com seu apoio e respeito, superá-lo. Na presença de um ser humano mesquinho, avalie seu próprio caráter, seu exemplo e certifique-se que jamais será ou agirá assim. Se possível evite ao máximo compartilhar ideais e energia com tais pessoas, pois você perderá valioso tempo e energia desnecessariamente.

Enquanto você é grato(a) e constrói pela prosperidade, os mesquinhos destroem pela inveja e como consequência:

Enquanto você...	O ser humano mesquinho
dorme gostosamente	perde o sono quando pensa em você
acorda, agradece mais um dia de vida e saúda o sol	acorda xingando e olha o seu bronzeado
sai para o trabalho com prazer e satisfação	calcula o seu salário e enlouquece com seu crescimento
sai para o trabalho com prazer e satisfação	julga a cor das roupas que você escolheu
estuda, tem ótimas notas e escolhe proativamente seu futuro	se preocupa com suas notas, o critica por estudar e fica mal ao vê-lo crescer
conquista um diploma e faz da sabedoria sua luz	vive o medo do seu sucesso futuro e anda na "escuridão"
levanta um prédio para ter o melhor panorama do mundo	fecha a cortina da janela para não ver seu sucesso
cura os "doentes" com suas ideias e convicções	adoece por conta disso

ensina aos seus alunos as virtudes da prosperidade	tenta descobrir como se faz isso, apenas para destruir
tem a simpatia da chefia e as melhores considerações	se relaciona mal e o considera bajulador
recebe os aplausos da vida como lei do retorno	busca saber se outros mesquinhos como ele o vaiam
liga seu computador para servir outros seres humanos	coleciona programas de vírus ou invade sua caixa de entrada com tolas agressões
cria facilmente pela sua convicção e naturalidade	critica sua criação, mas copia fielmente e encontra um "novo nome" para dizer que fez diferente
não morrerá quando partir, pois sua obra permanecerá	não é lembrado nem em vida, além de tudo, está "morto(a)" em vida

Você teme os invejosos? Por quê? Os seres humanos mesquinhos são no seu íntimo "apreciadores" e invejosos. Tenha por eles compaixão sempre, e jamais temor! Siga exemplos de seres humanos vencedores, e dê também seu melhor exemplo na certeza que Deus com seu amor ampara cada criatura em particular, e a deixa evoluir na sua capacidade e livre arbítrio, amando e abençoando a todos coletivamente.

E também seja muito grato às adversidades que aparecerem em sua vida, pois elas ensinam a tolerância, a simpatia, o autocontrole, a justiça, a perseverança, a resiliência e algumas outras virtudes que, sem essas adversidades, você talvez jamais conheceria!... Pois enfrentar as adversidades revela nossa força, nos sensibiliza, floresce e potencializa nossos melhores sentimentos, aumenta o senso de realidade e o desejo de sermos vencedores diariamente.

Acredite nisso, queixando-se menos, e com fé absoluta e perseverança diária trabalhando mais. Criando assim uma vida regada de equilíbrio, paz, saúde, amor, humor, harmonia e evolução eterna.

2

Princípios da Lealdade

Como a lealdade modela nossas crenças, valores e formas de sucesso na vida.

Conhecimento, segundo o dicionário Aurélio é: *"ato ou efeito de conhecer. Ideia, noção. Informação, notícia, ciência. Prática da vida; experiência. Discernimento, critério, apreciação. Consciência de si mesmo; acordo. Pessoas com quem travamos relações."*

Nesta obra o dividimos como: conhecimento explícito e conhecimento tácito.

Conforme os grandes professores Nonaka e Takeuchi (1997) definiram:

CONHECIMENTO EXPLÍCITO = ALGO FORMAL E SISTEMÁTICO

Pode ser expresso em palavras, números e, facilmente, é comunicado e compartilhado sob a forma de dados brutos, fórmulas científicas, procedimentos codificados ou princípios universais. Pode ser facilmente processado por um computador, transmitido eletronicamente ou armazenado em banco de dados.

CONHECIMENTO TÁCITO = ALGO DIFICILMENTE VISÍVEL E EXPRIMÍVEL

É altamente pessoal e difícil de formalizar, o que dificulta sua transmissão e compartilhamento. Conclusões, *insights* e palpites subjetivos incluem-se nesta categoria de conhecimento. Está profundamente enraizado nas ações e experiências do ser humano, bem como em suas emoções, valores ou ideais. Pode ser segmentado em duas dimensões:

- Técnica: que abrange um tipo de capacidade informal e difícil de definir, ou habilidades capturadas no termo "*know-how*".

- Cognitiva: que consiste em esquemas, modelos mentais, crenças e percepções tão arraigados, que os tomamos como certos.

Nossos três maiores bens são, provavelmente, a saúde, o tempo e as pessoas que passam pela nossa vida agregando aprendizado e crescimento contínuo.

Sem uma boa saúde é impossível que uma pessoa dedique-se a algo com plenitude. Quanto ao tempo, é um elemento que nós possuímos igualmente – o que nós consideramos uma justiça; mas escolher o que fazer com o nosso tempo é uma arte que devemos praticar e que vai determinar o que conseguiremos na vida.

Está provado que se alguém se utilizar deste bem precioso apenas para se divertir ou desperdiçá-lo de forma inútil, não realizará nada, pois é de tempo que se forma nossa vida. Ao desperdiçá-lo, se está jogando fora também a vida. As pessoas são a nossa maior fonte de aprendizado, pois nascemos pelas mãos de alguém e certamente seremos carregados por outras em nossa "morte". O aprendizado recíproco pelos seres humanos é uma fonte fantástica de aprendizado e devemos selecionar bem as pessoas com as quais dividiremos nossos sonhos e experiências, pois há duas formas fundamentais de sermos felizes:

1. Uma delas é acentuando e intensificando ao máximo nossos momentos de felicidade.
2. Diminuindo, na medida do possível, os aborrecimentos que vierem a acontecer, pois além de aprendizado, eles também trazem serenidade, humildade etc.

Para buscarmos os três fatores de crescimento abaixo, é necessário ambicionarmos crescimento contínuo e uma das formas é manter uma atitude de crescimento constante.

- A ambição é sadia e nobre; logo, ter a atitude de competir traz crescimento;
- Algumas vezes perderemos para que tenhamos serenidade; da mesma forma que desistir trará apenas fraqueza e debilidade;
- Busque fazer o seu melhor em tudo que realizar; ainda que não saiba, já neste momento, você conta muito com isso!

Excelência é um compromisso pessoal, é a atitude que distingue o pleno crescimento da mesquinharia

Viva tudo que puder; não fazê-lo é um erro. Não importa muito o que você faça desde que desfrute a vida em sua amplitude. Se não tiver este pensamento como objetivo, o que esperar da vida?

O que se perde está perdido, tenha esta certeza. O momento certo para prosperar é qualquer momento, inclusive este, exatamente agora, onde nós o convidamos a tais reflexões, que até aqui talvez sejam inéditas para você!

Viva hoje!

As pessoas investem muita energia empregando culpa às circunstâncias por aquilo que são. Não acreditamos em circunstâncias aleatórias. Quem prospera neste mundo são as pessoas que saem à procura das circunstâncias específicas que desejam e, se não as encontram, criam-nas.

Decerto, você não gostaria de estar entre as pessoas que vivem abaixo do médio crescimento, que são ilógicas, egocêntricas e têm bem pouco a oferecer. Por outro lado, lembre-se: elas existem! **Ame-as assim mesmo.**

Ainda que faça o bem, poderão lhe tecer acusações de egoísmo, frieza e quem sabe até o julgarão como pessoa calculista. **Faça o bem assim mesmo.**

Quando triunfar, fará falsos amigos e verdadeiros inimigos. **Faça tudo que puder para triunfar assim mesmo.**

Repare que algumas pessoas preferem exemplos mesquinhos e companhia dos desafortunados, mas seguem o exemplo dos afortunados e vivem nas sombras dos cultos e prósperos. **Batalhe pelos desafortunados e faça com que eles prosperem assim mesmo.**

O que leva anos para construir pode ser destruído em uma noite. **Construa o máximo que puder assim mesmo.**

Você vai se deparar com pessoas que têm necessidade de ajuda, mas o atacam quando procura ajudá-las. **Ajude-as assim mesmo.** Dê ao mundo o melhor de si e levará uma bofetada em cheio dos mesquinhos. **Dê ao mundo o que tiver de melhor assim mesmo.**

Continue em frente, tenha sempre pensamentos positivos. **Esqueça que o ímã da mesquinharia está em todo lugar e cresça assim mesmo.**

7 princípios da LEALDADE

Princípio I
Aceite seu valor e reconheça o valor alheio

Todas as pessoas têm seu valor, inclusive você.

Aceitar e reconhecer o valor são a base de uma mudança bem-sucedida e talvez o caminho mais rápido para a prosperidade.

Tudo começa com o reconhecimento do próprio valor, do valor dos outros e do valor de cada coisa viva que faz parte da evolução e do equilíbrio da natureza.

Todos nascemos com a capacidade de contribuir, trazer talentos singulares e diversificados ao mundo.

Sem a crença de que cada pessoa tem seu valor, não há base sobre a qual construir um relacionamento.

O valor é essencial a todas as pessoas – em suas vidas particulares, como membros de famílias e organizações sociais, e em suas vidas profissionais, como membros de grupos, equipes e organizações.

Quando o valor é realmente reconhecido, as tarefas se tornam muito mais significativas para a produtividade pessoal, institucional, comportamental e social, que aumentam consideravelmente, gerando equilíbrio.

O valor de si próprio é a base da vida. Se você não acreditar que tem valor, será difícil, talvez impossível, desenvolver integralmente a sua capacidade como ser humano, pois no momento em que você passa a evoluir, por consequência melhora a sua comunicação e os ambientes por onde passa, tornando o valor conjunto mais nobre.

Princípio II
Transmita confiança

Quando existe confiança entre duas ou mais pessoas, a mudança é mais rapidamente aceita. Se a confiança é mútua, a sociedade se torna mais positiva, produtiva, próspera e sinérgica.

A confiança é, portanto, o catalisador da mudança bem-sucedida, uma nobre atitude e o caminho mais rápido para um "enriquecimento" conjunto.

Quando a confiança é o ponto central em qualquer organização, equipe, família, país ou relacionamento, o nível de produtividade aumenta. Temos vários exemplos na história e algumas culturas que nos ensinam suas senhas de sucesso, onde a confiança foi o elo mais forte, a mudança foi enfrentada pela cooperação, com mais segurança, com mais lealdade, pelo consenso e comprometimento pessoal, igualitário e fraterno.

A confiança gera tolerância, cria uma irmandade, supera preocupações, erros, e se acaso houver "fracassos", eles serão superados de forma mais eficaz, indiferente das suas proporções. Levando os envolvidos a uma causa comum, ações corretivas e coletivas muito eficazes. Assim, a comunidade, na sua totalidade, será beneficiada, enriquecida, equilibrada e enobrecida.

Princípio III
Aprenda por empatia

A empatia vai muito além de se colocar no lugar do outro, pois sem a racionalidade e o raciocínio certo, a empatia pode virar uma estratégia contrária à sua filosofia de vida, ao seu negócio e à sua família.

Aqueles que aprendem continuamente sobre si mesmos, sobre os outros, sobre a importância do trabalho e conseguem ver a fabulosa riqueza que o universo nos oferece, têm maior possibilidade de mudar e prosperar em todas as frentes.

Aprender diariamente intensifica seus melhores momentos e valoriza a sua vida como um todo. Observando os outros, ampliando seus interesses e abrangendo perspectivas diferentes, podemos desenvolver uma compreensão instintiva sobre a mudança no sentido mais nobre da vida. A vida nos foi dada de presente pelo nosso elo maior e a única coisa que temos de fazer é selecionar, no "cardápio" do Universo, as mudanças necessárias para degustar durante o nosso processo de desenvolvimento.

A aprendizagem, por sua própria natureza, promove a comunicação, favorecendo a confiança e o crescimento mútuos. A tecnologia está aí para nos servir, pois a única fronteira que o homem terá de conhecer sempre, é a que delimita a sua própria evolução com a do seu semelhante. A empatia é o catalisador. Aprender e saber usá-la é a única coisa que terá de fazer para se dominar as mudanças e gerar a liberdade de criação na sua totalidade.

A vontade de aprender libera a mente e a expande de forma ilimitada, para considerarmos as novas condições de um futuro criado por nós, por meio da compreensão do que chamamos "hoje" desconhecido. As mudanças sempre beneficiarão de forma ilimitada as pessoas de atitude, pois a regra do futuro se resumirá às escolhas do que e de como fazer. A liberdade é a ferramenta ideal para o controle do medo exacerbado, responsável pelo assassinato da criatividade e do raciocínio de milhões de pessoas, que temem a crítica dissidente e param, sem perceber, ou desistem das ATITUDES e dos SONHOS.

Princípio IV

Tenha na mudança a única certeza de crescimento

Mudar é o destino dos seres humanos. Essa mudança pode ser comportamental, física, espiritual, emocional, financeira, profissional, sentimental, etc. A mudança é inevitável e aumenta em proporções globais.

Quase sempre, resistimos porque ela costuma ser dolorosa no início. A equação para a prosperidade é simples:

Se a sua **C**apacidade de **R**esposta às **M**udanças **(CRM)** é maior que o "problema", você estará sempre em evolução:

CRM > Problema = Prosperidade

Se a sua **CRM** é menor que o "problema", você corre risco de falir pessoal, física, emocional e financeiramente.

CRM < Problema = Falências Múltiplas

A questão é bem simples: ou você é parte do problema ou parte da solução.

A mudança é a principal força gravada em nosso DNA, ela afeta praticamente todos os aspectos das pessoas na Terra. A mudança é intrínseca, nem boa, nem ruim; não podemos controlá-la, mas podemos controlar a estratégia que nos levará à prosperidade e às reações diferentes daqueles que ficam esperando sem fazer nada. Pois existem, e provavelmente existirão, quatro tipos de pessoas no mundo:

- As que fazem a mudança acontecer e prosperam com isso;
- As que observam mudanças acontecerem e ficam neutras;
- As que observam as mudanças acontecerem, suas vidas serem devastadas em longo prazo e não fazem nada além de reclamar;
- E as que nem sabem que têm alguma mudança acontecendo, vivem na escuridão emocional absoluta sem perceberem. Logo, sem refletir, sem dor.

Princípio V
Lidar com mudanças implica em lidar com pessoas

As pessoas, em geral, não têm nenhum problema em perceber os custos de uma mudança, de modo que é natural que tentam resistir àquelas nas quais não vejam benefícios. Portanto, mostre com clareza os benefícios reais que as pessoas terão com as mudanças, para que elas calculem mentalmente os benefícios.

Muitas pessoas preferem ficar onde estão. A inércia é o maior de todos os obstáculos. Você terá de movê-las em alguma direção. Esta é a essência da movimentação em prol do ser humano.

É possível reduzir o medo do desconhecido mantendo o pessoal a par de informações relacionadas com a mudança. Explique os planos, a estratégia.

Quando a empresa enfrenta mudanças tecnológicas, é de especial importância que o pessoal saiba o que vem pelo caminho e que resultados são esperados. Em seguida, dar-lhes um bom treinamento pode contribuir para que a nova tecnologia pareça menos ameaçadora. Nos casos em que empregados têm tempo e oportunidade para desenvolver gradualmente as habilidades necessárias, em clima não ameaçador, a resistência desaparece.

Para tornar-se um agente de mudanças:

- Descubra onde e como o pessoal resiste ao seu papel de agente de mudanças;
- Verifique bem qual sua verdadeira intenção;
- Introduza primeiro a mudança, dando-lhe o caráter de enfoque experimental. Isso é muito menos ameaçador do que pedir a alguém que se comprometa de vez com um novo estilo: "Vamos tentar isto para ver como funciona. Que tal, dentro de três meses, avaliarmos os resultados?"

Daqui em diante, você terá duas opções: mudar as suas ATITUDES ou repetir a mesmice comportamental, descrita abaixo por meio de uma minuciosa análise, que realizamos para garantir a você que se avalie e MUDE, afinal a mudança nos projetos profissionais começa com a sua própria capacidade e resiliência para fazê-lo:

51 Desculpas para não mudar

O mais incrível é que você verá que já ouviu, disse e, quem sabe, se sentiu em uma ou várias delas.

1) Estamos no Brasil! E os gringos são melhores do que a gente.
2) Ninguém nunca fez isso.
3) Isso nunca foi tentado antes.
4) Nós já tentamos isso antes?
5) Outra empresa já tentou isso antes?
6) Nós fazemos isso desse jeito há 25 anos.
7) Isso não vai funcionar numa empresa pequena.
8) Isso não vai funcionar numa empresa grande.
9) Isso não vai funcionar em nossa empresa.

10) Por que mudar? Está bom assim.
11) O chefe jamais vai concordar.
12) Isso precisa de mais investigação. Deu certo pra alguém?
13) Nossos concorrentes não estão fazendo assim.
14) Dá muito trabalho mudar.
15) Nossa empresa é diferente, não vamos mudar nada.
16) O departamento de marketing diz que isso não é viável.
17) O departamento de vendas diz que isso não é viável.
18) O departamento de serviços não vai gostar.
19) O porteiro diz que não dá certo. Já tentei isso antes, em outras épocas.
20) Não temos dinheiro.
21) Não temos pessoal.
22) Não temos equipamento.
23) O sindicato vai chiar.
24) Não dá para ensinar truque novo a cachorro velho.
25) A mudança seria muito radical.
26) É visionário demais.
27) Não é responsabilidade minha.
28) Não faz parte do meu trabalho.
29) Não temos tempo.
30) Isso vai tornar os outros procedimentos obsoletos.
31) Os clientes não vão aprovar.
32) Isso vai contra a política da companhia.
33) Isso só vai aumentar as despesas.
34) Os funcionários não vão aceitar.
35) Não é problema nosso.
36) Não gostei.
37) Você tem razão, mas...
38) Não estou pronto(a) para essa mudança. Se eu não voltar a estudar serei despedido(a).
39) Temos que pensar melhor para mudarmos nossas atitudes.
40) A gerência já está sabendo?
41) Não podemos arriscar, a crise está presente.
42) Perderíamos dinheiro com isso.
43) Levaria muito tempo para dar lucro, não vou arriscar.
44) Estamos bem desse jeito.
45) Precisamos criar um grupo de estudos, não consigo enxergar uma única solução.

46) A concorrência não vai gostar.
47) Não vai funcionar nesse departamento.
48) Vamos esperar mudar a política do país para ver se tiram esse presidente, pois ele nos impede de crescer.
49) É impossível ser um pouco melhor porque... Você sabe né...
50) Vamos ter de reciclar a equipe, não temos tempo e nem dinheiro para isso.
51) Nós nunca fizemos isso antes.

Princípio VI
Liberte a sinergia

A sinergia de uma equipe é o resultado de duas ou mais pessoas que se valorizam entre si e se confiam. Quando duas ou mais pessoas desenvolvem ideias juntas, conseguem resultados finais muito mais nobres do que teria sido possível isoladamente.

As pessoas fazem contribuições únicas. A sinergia onde as pessoas trabalham juntas, como comunidades e grupos conectados, multiplicam esses esforços muitas vezes. Esse catalisador sinérgico é tão poderoso que às vezes é difícil lidar com ele sozinho no sentido da liderança. Começam, então, a compartilhar esse sucesso com pessoas de fluxo e energia semelhante, melhorando assim a comunicação como um todo, trocando informações confiáveis, em um clima mais saudável e de prosperidade global.

Princípio VII
Tenha mestres na vida, viva com prósperos e forme campeões

A mudança eficiente será sempre gerada por líderes. O ambiente propício para a mudança deverá eliminar os seres humanos temporariamente desprovidos de atitude.

Charles Darwin comentou:

"Não são os mais fortes, tampouco os mais inteligentes que sobreviverão, mas sim os mais flexíveis ao meio."

As pessoas que estão em franca evolução, eliminam políticas e soluções autocráticas, fazem parcerias com pessoas e empresas sadias, que buscam campeões, mestres e sábios altruístas realizadores de mudanças.

No texto a seguir, chamado "Retrato de um Líder", convidamos você a uma reflexão:

Retrato de um líder

Desde que nasci, assisti a diversos líderes e, como discípulo, também me tornei um.

Por regra de vida, "aprendi a aprender" de forma constante, mas os líderes crescem como águias nas alturas, pois as águias gostam de pairar acima do mundo, excedendo os seus limites. Não para ver as pessoas diminutas do alto, mas para estimulá-las a olhar para cima e ter um panorama diferente do mundo.

É mais saudável assistir as ações de um líder próspero do que ouvi-los em qualquer dia.

É preferível ter um líder a caminhar comigo mostrando-me os bons exemplos e como se faz a diferença, do que simplesmente um que me mostre o caminho, dizendo: "siga-me!".

Os olhos são os melhores pupilos e são 25 vezes mais rápidos que os ouvidos.

Conselho pode ser confuso, mas o bom exemplo é sempre nobre e verdadeiro.

O melhor de todos os líderes é aquele que veio de outro líder que, superado, sentiu a felicidade e o prazer de ter feito a diferença para o mundo, gerando um novo próspero, pois se formou alguém melhor do que ele mesmo, cresceu no mínimo duas vezes.

Ver o líder em ação é o que os outros precisam.

Eu posso logo aprender a fazê-lo, se você me deixar fazê-lo. Eu posso ver em suas mãos a ação, sempre regada de boas intenções e atitudes criadoras, mas a sua língua rápida demais pode correr e deixar a mensagem a ser passada com falhas.

As palestras que você faz podem ser muito sábias e verdadeiras, mas prefiro obter as minhas lições observando e caminhando ao seu lado, pois quando eu superá-lo, você se sentirá realizado.

Mesmo assim, posso não entendê-lo nem o conselho que você dá, mas não existe desentendimento em como você age e como você vive.

Com a sua liderança aprendi a sempre assistir ao vencedor, a ouvir um qualquer dia desses.

Por isso, viva como as águias, que se superam a cada nascimento e sua imagem fala mais do que mil palavras.

E os líderes também são assim, superam a cada dia a "águia" que criam.

A liderança pode ser invisível aos olhos, mas a superação e a prosperidade constante são perceptíveis aos olhos e ao coração.

(Paulo Cesar Silveira)

O conceito citado anteriormente é muito nobre e só acontece se o princípio de superação for apresentado a essa nova sociedade.

Embora alguns líderes ainda estejam se dedicando mais à estratégia e à gestão administrativa, alguns visionários e algumas empresas estão cada vez mais preocupados com a cultura e a autovalorização da sociedade emergente tal qual pode se tornar e também enquanto "clientes", pois o crescimento de todos depende da liderança mútua.

Os seres humanos prósperos têm paixão inabalável pela sua família, pelo seu trabalho, seu grupo, sua organização, seu país, por vencer em seu papel social e também torná-lo rico nas suas várias faces. Os campeões lideram mediante seu exemplo e energia positiva incessante. Muito admirados pelos membros de seus grupos, eles constantemente rejuvenescem o meio em que vivem, energizando os que buscam, nas atitudes e trabalho constante, desenvolver-se como pessoas e como cidadãos.

Os mestres completam suas tarefas sem supervisão devido às habilidades que desenvolveram em seus seguidores. Na maior parte das vezes, os seguidores surpreenderão positivamente seus mestres, fazendo melhor que o ensinado, logo, todos alcançarão a excelência e todos ganharão com isso.

Os mestres, nesse caso, representam a influência estabilizadora na mudança conjunta, individual e, por consequência, institucional, liberando muitas vezes a tomada de decisão. A única forma de a mudança tornar-se positiva na sociedade é compartilhando o processo de crescimento e decisão, concedendo poder de realização às mentes que buscam trabalho com excelência, riqueza pessoal, conjunta e plenitude.

Assim, precisamos acreditar e desejar a mudança independente do preço que viermos a pagar por ela. Se houver algum tipo de crise, ótimo, pois ela desafia a nossa inteligência, nos traz evolução, riqueza, compaixão, perseverança e outras fabulosas virtudes.

Faça prevalecer a confiança, a liberdade de expressão, a saúde física e mental e, principalmente, o uso nobre do tempo em todos os aspectos. Com certeza, esses três ingredientes se tornarão o bem mais precioso para o enriquecimento de nossas vidas.

Aproximar-se de outros seres humanos é fabuloso e já é um começo. A união num trabalho conjunto, um progresso. Prosperar em grupo é uma experiência ímpar. Prosperarmos juntos é um fabuloso sucesso.

Estamos próximos de uma época em que instituições que lideram pela força e imposição de ideias estão chegando ao fim, pois essas formas de poder são pífias. Acreditamos que muitos países se tornarão tão desenvolvidos que não mais precisarão de exércitos, poderio militar capaz de destruir o planeta ou governos parciais, pois essas forças por si só limitam o crescimento das nações. Precisamos, sim, de muita atitude, trabalho, esperança e união dos povos para uma visão comum de bem-estar do planeta e evolução total da humanidade.

Quaisquer resultados que tivermos, enquanto seres humanos, partirão sempre de nossas escolhas e ações coerentes, sob o prisma da individualidade. **Quando perdemos o direito de ser diferentes, perdemos o privilégio de ser livres.**

Muitos ainda não entenderam que vieram para este mundo para serem prósperos, cultos, inteligentes e ricos na sua amplitude. Infelizmente, para algumas "massas" a desordem impera, a liberdade escraviza e só a lei as organiza socialmente.

Acreditamos nos outros países e podemos, devemos acreditar mais ainda que a mudança deve partir de cada um de nós, que o Brasil é um dos países do futuro pela sua condição geográfica, suas riquezas minerais, a água abundante e as policulturas de colonização. Na fusão dessas culturas, criamos muito poder de recomposição, riquezas conjuntas, uma comunicação inigualável e recebemos as pessoas de outras nações aqui como ninguém, pois nossas relações humanas e nossa cortesia são comentadas de forma positiva no mundo inteiro. O enriquecer como nação só depende de nós, pois ainda não inventaram lei alguma por aqui que diz que temos de ser pobres.

O Brasil começa a ser reconhecido no melhor de sua essência pelo mundo porque hoje mostramos seriedade, buscamos melhor educação e também melhores princípios, responsabilidade e trabalho inteligente. Nosso trabalho distinto passa a ser a nossa assinatura social para a humanidade, e caráter e ética passam a ser a base de nossa percepção de uma sociedade equilibrada e em franco crescimento. Nosso papel é preparar os empreendedores do futuro por meio da educação e do valor do trabalho íntegro, dedicado e inteligente. Por isso, fale bem do próximo, agradeça a quem o faz bem, ignore os que não agregam nada a você, pois evoluir é fabuloso e só acontecerá se desejarmos fazer e nos arriscarmos mais. Leia com muita atenção a mensagem a seguir, sempre que desejar algo novo ou receber uma crítica, com certeza você estará protegido(a) e pronto(a) para prosperar.

Arriscar-se à loucura eventual

Se você quer sucesso, cultura, riqueza e prosperidade, pode ter como certa a crítica das pessoas que são temporária ou definitivamente limitadas, que não arriscam nada e sofrem pouco, até porque se triunfarem, a sua percepção utópica fará com que achem que "deram sorte".

Logo: SEM GRANDE ESFORÇO LÓGICO E EMOCIONAL, SEM "DOR".

Reflita conosco... É muito estranho, mas:

- Rir é arriscar-se a parecer doido(a), mas "realizadores" são absurdamente felizes!
- Chorar servirá apenas para demonstrar emoção, o mercado não tem piedade de ninguém, mas isso não significa que devemos reter nossos sentimentos!
- Estender a mão gera o risco de investir comprometimento na ajuda ao próximo, mas só descobre o prazer altruísta quem assume tal compromisso.
- Mostrar os sentimentos pode ser visto como fraqueza pelas pessoas fracas, pois só os fortes sabem lidar com sentimentos. Apresentar os ideais e sonhos pode gerar rejeição, mas guardá-los no armário pode gerar eterna frustração.
- Amar intensamente é arriscar-se a não ter reciprocidade, mas não amar é não viver.
- Viver é arriscar-se a morrer a qualquer instante, mas um único minuto pode representar a felicidade de uma vida inteira.
- Esperar é arriscar-se ao desespero, mas antes de se desesperar, os fortes conhecem a resiliência e arriscam com segurança.
- Tentar é arriscar-se ao erro, mas quem consegue acertar após alguns erros, se torna muito mais forte do que aqueles que acertaram de primeira, afinal, só conhece a vitória quem saboreou o dissabor da derrota.

Devemos nos arriscar, pois a ousadia nos leva a crescer, nos dá um novo poder e traz autoconfiança e autoestima

O perigo na vida está em não arriscar, pois quem não arrisca nada:

- Não faz nada.
- Não oferece nada.
- Só critica.
- Não constrói.
- Não tem nada.
- Corre o risco de não ser nada!

ARRISCAR-SE É FABULOSO.

Sejamos loucos construtores, não há mal nenhum nisso

Olhe ao seu redor e veja quantos limites encontrará se quiser viver pelos padrões alheios, com "pessoas padrão".

Pense nisso: é preferível sermos loucos construtores do que mais uma 'pessoa tubo', que come, bebe, vegeta e usa o banheiro. Faça da atitude de AMAR incondicionalmente seu objetivo de vida, pois:

ATITUDE é uma decisão, não um sentimento; **AMAR** é dedicação e entrega. **AMAR** é um verbo e o fruto dessa ação é o **AMOR**. O **AMOR** é um exercício de jardinagem: arranque o que faz mal, prepare o terreno, semeie, seja paciente, regue e cuide. Prepare-se porque haverá pragas, secas ou excesso de chuva, mas nem por isso abandone o seu jardim. **AME** sua família, sua pátria, seu trabalho. Ou seja, aceite-o, valorize-o, respeite-o, dê afeto e ternura, admire e compreenda-o. Isso é tudo, **AME!**

Amor, generosidade, autenticidade, excelência e perfeição serão suas eternas virtudes, bastando para isso que uma pessoa as escolha: **VOCÊ!**

Prefira atitudes regadas a ações criadoras acima de tudo, corra riscos, ouse ser diferente de propósito, lidere e deixe um legado mais inteligente, rico e evoluído. O Universo é abundante e a riqueza só vem para quem transforma o seu propósito de vida em realidade pelo trabalho, em amor concretizado nas ações impregnadas de fibra e convicção por meio de nossos sonhos, nossa alegria, pureza no coração e, principalmente, autoestima inabalável. Com isso a sua autoestima será elevada e o levará a ser:

- Ambicioso(a) sem ser ganancioso(a)
- Assertivo(a) sem ser agressivo(a)
- Inteligente sem ser arrogante
- Compreensivo(a) sem ser idiota
- Poderoso(a) sem ser opressor(a)
- Humilde sem ser subserviente

Ame-se primeiramente, traga valor e desenvolvimento à humanidade, e saiba que quando se tem atitude, não precisamos da aprovação de ninguém para ser uma pessoa próspera.

No poema abaixo, sugerimos algumas virtudes que formam nosso poder de recomposição, autoestima e proatividade.

Quando me amei de verdade...

Quando me amei de verdade, compreendi que, em qualquer circunstância, eu estava no lugar certo, na hora certa, no momento exato.

Então, pude relaxar.

Hoje, sei que isso tem nome: ***autoestima****.*

Quando me amei de verdade, pude perceber que minha angústia, meu sofrimento emocional, não passavam de um sinal direcionador, que me sugeria estar contra minhas verdades.

Hoje, sei que isso é: ***autenticidade.***

Quando me amei de verdade, parei de desejar que minha vida fosse diferente e comecei a ver que tudo o que acontece contribui para o meu crescimento.

Hoje, chamo isso de: ***amadurecimento.***

Quando me amei de verdade, comecei a perceber como é ofensivo forçar alguma situação ou alguém apenas a realizar aquilo que desejo, mesmo sabendo que não é o momento ou a pessoa não está preparada, inclusive eu mesmo.

Hoje, sei que o nome disso é: ***respeito.***

Quando me amei de verdade, comecei a me livrar de tudo que não fosse saudável: pessoas, tarefas, tudo e qualquer coisa que me desmotivasse.

De início, minha razão chamou essa atitude de egoísmo.

Hoje, sei que se chama: ***amor próprio.***

Quando me amei de verdade, deixei de temer meu tempo livre e desisti de fazer grandes planos, abandonei os projetos megalômanos e utópicos de futuro. Agora, faço o que acho certo, o que gosto, quando quero e no meu próprio ritmo.

Hoje, sei que isso é: ***simplicidade.***

Quando me amei de verdade, desisti de querer ter sempre razão e, com isso, errei muito menos.

Hoje, descobri a: ***humildade.***

Quando me amei de verdade, desisti de ficar revivendo o passado e de me preocupar com o futuro. Agora, me mantenho no presente, que é quando a vida acontece.

Hoje, vivo um dia de cada vez. Isso é: ***plenitude.***

Quando me amei de verdade, percebi que minha mente pode me atormentar e decepcionar. Por outro lado, quando a coloco a serviço do meu coração, ela se torna uma grande e valiosa aliada.

Tudo isso é: **SABER VIVER!**

Charles Chaplin

A sua opinião a seu respeito merece ser mais importante que a de outrem. O valor próprio não pode ser colocado a prova ou "valorizado" pelos outros. Você vale e prospera porque assim o afirma. Se o seu valor depende de outros, cuidado, pois você se avalia por padrões alheios, que normalmente são muito diferentes dos nossos e quase sempre irão menosprezar ou no mínimo diminuir o que valemos.

A vida seria fácil se bastasse apenas se culpar ou se preocupar excessivamente com o que aconteceu e há de acontecer. Saiba que apenas estas duas autoflagelações emocionais não mudarão nada!

Para evoluir é importante considerar seu sistema de valores. Em que valores você acredita e quais são os que você finge acreditar? Faça uma relação de todos esses supostos falsos valores e decida-se a viver de acordo com um código de ética que seja estabelecido por **você!**

Somos todos vítimas ou empreendedores da época ou lugar. Faça disso uma grande vantagem e seja uma pessoa de atitude.

Só os inseguros lutam por segurança

As pessoas que entendem que **amor** é **atitude** em dar o seu melhor em tudo que fizerem a favor da **humanidade** e que **amar** é verbo de ação, automaticamente mudam de vida. Suas vidas ganham sentido e passam a ter **valor** e aí acontece a evolução e a criação do legado pessoal, familiar, profissional e para a humanidade em vida.

3

Discernimento: o julgamento de um TODO

Assuma atitudes e responsabilidades para o progresso próprio e coletivo

Preste atenção ao pessimismo e ao ceticismo. Esses destruidores vícios, como os opostos, se atraem. Os líderes devem ter visão e senso de valores autênticos para as "organizações" que desejarem dirigir. Terão ainda o desafio de se comunicar e motivar muito mais eficazmente do que a história de líderes já apresentou.

Terão de manter suas capacidades em constante evolução.

E terão ainda de explorar cada migalha de talento e criatividade que suas "organizações" possuam – da sua casa à influência dos moradores de sua comunidade, do chão de fábrica à suíte executiva e, por consequência, do seu país à influência global.

Seja realista. Identifique todos os papéis que deseja desempenhar bem em sua vida: pai/mãe; marido/mulher; líder, treinador(a), etc. Para cada um deles, descreva seus objetivos. Estabeleça prioridades de papéis. Se o equilíbrio entre a vida familiar e o trabalho for realmente importante para você, eleja as prioridades de acordo com isso. Resista ao desejo de perfeição – aceite a realidade e crie suas próprias prioridades. Não dê margem à culpa: faça tudo o que for possível e pronto. Por menos que lhe pareça, dê-se o direito de entender que fez o melhor possível naquele instante, sob as circunstâncias reinantes e com as "armas" emocionais e físicas de que dispunha. A partir disso, prepare-se para melhorar ainda mais na próxima!

Recupere sua fé na prosperidade intensa – perceba que o futuro é agora e já está acontecendo, com ou sem a sua participação. Vemos exemplos disso a toda hora em negócios agropecuários, na indústria, nos serviços, na educação, na inteligência artificial, na ciência médica, na física quântica, como em todas as ciências e até mesmo em experiências políticas e sociais, onde objetivos previamente inimagináveis têm sido ultrapassados e novos objetivos continuam a ser superados, ressurgindo com melhores práticas e ética constante.

O progresso sempre vem de uma pequena minoria de pessoas e recursos organizados, capazes de demonstrar quais os níveis de excelência, anteriormente adotados por poucos, podem tornar-se acessíveis e servir de modelo a todos que, com atitude e trabalho inteligente, buscam prosperidade.

O progresso requer elites de vanguarda que vivem para a glória e a serviço da sociedade, que colocam seus "dons" à disposição do coletivo. Com certeza, você pertence a essa nobre classe.

Como eu sei disso? **Muito simples: do contrário, você não teria lido esta obra até aqui e certamente não chegaria até o final dela.**

O progresso depende da informação sobre a conquista excepcional e da difusão das experiências de sucesso, ao quebrar estruturas erguidas pela massa de direitos adquiridos, ao exigir que os padrões vivenciados por uma pequena minoria estejam disponíveis a todos. O nosso alcance universal precisará sempre exceder a habilidade de conquista, pois o progresso requer que asseguremos o privilégio da minoria como padrão mínimo para todos que acreditam nesse ideal, independentemente da classe e da época em que se vive. Não precisamos esperar mais por nada e ninguém. Podemos começar agora, empregando níveis máximos de excelência em todos os contextos de vida e de sociedade.

Você pode pegar seus próprios fragmentos de maior conquista, felicidade e dedicação ao próximo, para torná-los uma parte especial e muito mais significativa para sua vida. Podemos multiplicar nossos célebres momentos e abrir mão dos comportamentos pouco assertivos na busca pela "riqueza de vida".

Para uma vida plena, é saudável isolar e potencializar as melhores partes de nosso caráter, estilo de trabalho, estilo familiar, estilo de vida e de relacionamentos que, medidos contra o tempo ou energia envolvidos, também valorizam mais vezes do que a "luta diária"; e ao tê-las isoladamente, podemos intensificar com coragem, trabalho e determinação durante gerações, multiplicando, para uso imediato, nossas atitudes hoje.

O samba, o carnaval e o futebol sempre representaram nosso país mundo afora, juntamente com nossa alegria contagiante e hospitalidade desprovida de preconceitos e julgamentos. Somos miscigenados sim, recebemos todos os povos como uma grande nação-mãe. Para nossa comemoração, é importante ressaltar que as atrações turísticas ou esportivas ainda continuam sendo parte de nossos cartões postais e *flyers* para turistas, mas não podemos deixar de mencionar o quanto crescemos como polo industrial, agrícola, comercial, referência na comunidade médica com grandes especialistas e gestores de um dos maiores processos de extração petrolífera do planeta.

Em suma, o resultado deste crescimento não é propriamente dos políticos empertigados em seus belos ternos *Ermenegildo Zegna*, mas dos garis como Renato Sorriso, que transmitem ao povo a mensagem de que prosperar é uma arte que não está diretamente ligada ao tamanho do saldo bancário, mas sim à dignidade e ambição para crescer na vida. O resultado deste crescimento não é mérito das equipes econômicas que amparam os governos que entram e saem periodicamente, mas dos professores que são chamados de "tios" e ensinam por amor ao ser humano, já que não se pode chamar de salário aqueles parcos trocados que o governo lhes credita mensalmente e insiste em chamar de salário.

Compartilhe o seu melhor por meio das mudanças

A mudança nos desperta. Compartilhe o seu tempo com pessoas diferentes, em lugares diferentes, fazendo coisas diferentes e você poderá sentir uma semana em apenas um dia.

As horas de grande intensidade emocional, como as das relações sexuais apaixonadas, podem durar muito mais tempo e satisfazer muito mais do que os mesmos atos físicos mecânicos e sem paixão. Coloque ótimas sensações na sua vida e corte os vales de infelicidade.

Na vida temos três opções:

- Viver condicionados "ao padrão";
- Viver adestrados por pessoas limitadas;
- Viver proativos e vanguardistas.

Qual é a sua escolha? Não precisamos, sob nenhuma hipótese, abdicar do controle de nosso destino em favor de outra pessoa. Não faz sentido acreditar que somos de alguma forma planejados para serem mantidos sob cuidados e controle alheios.

A natureza não nos criou "seguidores", mas sim realizadores de infinito potencial, cujo papel é transformar os desejos da nossa mente em realizações para benefício próprio e do Universo através de uma causa. Pois:

Uma vida sem uma causa, é uma vida sem efeito.
Paulo Silveira

A prática de culparmos outras pessoas não só é responsável por talvez metade de nossos erros, como também por nosso temporário fracasso em tirar proveito dos erros próprios e alheios.

Não reconhecemos o fracasso pelo que ele é, por isso não sabemos lidar com ele como fonte de aprendizado.

Em lugar disso, construímos pessoas de porcelana, lhes quebramos diversas vezes e perdemos dias a fio numa batalha que não podemos vencer, buscando externamente a nossa fonte de energia, tão vital para nosso equilíbrio.

A batalha ocorre em nossa eterna dualidade razão x emoção. É neste contexto que aprendemos a vencer nossas limitações em prol do AMOR PRÓPRIO REALIZADOR ou ESSÊNCIA DIVINA CRIADORA.

Pense na possibilidade de assumir limitações temporárias, buscar prosperidade conjunta dentro de um cenário real chamado VIDA PRESENTE. Agradeça ao que foi capaz de fazer por seu passado e vire sua página. A vida somente avança, jamais retrocede a não ser para procurar um "significado" para o que aconteceu, sendo que na maioria das vezes não há a menor necessidade de dar nome e investir sentimentos retroativos em uma situação imutável e morta. Agradeça o milagre de estar vivo(a) diariamente e adote atitudes de evolução. É melhor você viver dez anos buscando novas experiências, do que investir este mesmo tempo em busca de velhas dores, abdicando involuntariamente da arte de **EXPERIMENTAR CRESCIMENTO.** Pois:

Inspiração vem nos bons exemplos dos outros...
Motivação, para nos tornarmos essenciais ao meio,
vem de dentro de nós!
Paulo Silveira

A sociedade clama por novos estudos no campo do comportamento humano. A delinquência, a esquizofrenia, o vício, a depressão, as crises que envolvem casais, a marginalidade, a orfandade e muitos outros pontos negativos já foram estudados aos limites da exaustão desde sempre.

O que nos impede, entretanto, de estudar as pessoas cujas vidas estão em equilíbrio e plena prosperidade, usando-as como modelos e exemplos positivos?

Passamos tempo demais fugindo do modelo social "inadequado", e neste mesmo tempo, quantos novos pensadores, romancistas, artistas, intelectuais, poetas nós formamos? É claro, a resposta já se presume: **"estas profissões pagam pouco".**

Reparem que a cada cem honrados advogados que formamos, um filósofo é colocado à disposição da sociedade, afinal é mais saudável advogar com base nos anais da história e da constituição, do que ter a atitude filosófica necessária para mudar a sua rua, o seu bairro, o seu país, recebendo 1/8 da remuneração dos causídicos.

Se isso não mudar, um dia teremos uma comunidade de advogados, engenheiros, administradores e outras "profissões *commodities*" e estes não terão com quem discutir as questões sociais.

Nós acreditamos que seja mais eficaz estudarmos indivíduos que vivem casamentos felizes, equilibrados, sensuais e interessantes, que têm filhos com fabulosos resultados na escola e na vida, que também trabalham muito, mas que agradecem por isso e evoluem com equilíbrio.

A medicina convencional fez um grande progresso na área da imunização contra a cólera, a malária, a varíola, as três maiores ceifadoras de vidas de todos os tempos; tudo isso, estudando a maior parte do tempo, pesquisando pessoas que permaneciam saudáveis, enquanto outras adoeciam e morriam rapidamente.

Convidamos vocês, caros leitores, neste momento, a uma reflexão dura e verdadeira sobre a pobreza e todas as suas patologias. A nosso ver, a pobreza é um vício de milhões, uma sociopatia (doença social). Podemos definir vício como um conjunto de comportamentos automáticos (inconscientes e normalmente coletivos), compulsivos (que fogem ao controle) e repetitivos, que conduzem a uma condição mórbida e, mesmo que sejam reconhecidos, difíceis para se abandonar de maneira natural e espontânea.

Assim como existem vícios alimentares, existem vícios socioculturais. É como se nos perguntássemos:

– Por que ser diferente? Ou por que racionalizam, nos solicitam que façamos o mínimo exigido?

Já faz muito tempo que parte de nós concorda em dar menos que o melhor, em comprometer a nossa autoestima. Educação, autenticidade, qualidade e integridade não são virtudes negociáveis. Juntas formam nações poderosas e prósperas.

São raras as pessoas que tomam a decisão de fazer o seu papel prosperando infinitamente, além de levarem outros aos melhores níveis de nobreza e equilíbrio, pois a nobreza não é um direito inato, ela é definida pelas atitudes e ações que escolhemos na vida.

Segundo a Organização Mundial da Saúde (OMS), o conceito de saúde pode ser definido como o completo bem-estar biopsicossocial do indivíduo. Seguindo esta definição, a pobreza é uma doença, por baixar a qualidade e expectativa de vida, desgastando o organismo (bio), dificultando e limitando o indivíduo ao seu ambiente e aos seus propósitos de vida (social), gerando consequências terríveis.

Muitos programas de promoção de saúde e combate a doenças vêm sendo realizados com grandes investimentos em pesquisas e desenvolvimento de novos medicamentos.

A medicina psicossomática tem progredido nos últimos anos nos seus estudos sobre a correlação entre estados psicológicos.

Quase não se fala, entretanto, sobre saúde social e próspera. Devemos iniciar a ideia de que a abundância e a prosperidade são acessíveis a todos, pois durante nossa vida influenciamos e somos influenciados por aproximadamente 10.000 pessoas.

É justo afirmar que estamos 2.000 anos atrasados na evolução biológica, material, emocional e espiritual. A sede pelo poder fez com que muitas instituições "guiassem cegos" em prol de seus interesses.

Pobreza nunca foi e não deverá ser destino de ninguém em nenhuma época! Pobreza no máximo deverá ser uma circunstância temporária que nos testa, nos fortalece e nos ensina a superar dificuldades, e nos incentiva ao prazer de trabalhar com inteligência, constância e sermos distintos de propósito... Quando entregar seu tempo a qualquer coisa que for fazer, entregue também dedicação e trabalho inteligente, pois assim a sua vida será prazerosa e sempre valerá a pena... Pois trabalho distinto e atitude constroem o nosso legado em vida, além de ser a nossa assinatura social para a humanidade.

A grande questão é: uma sociedade na qual é normal e esperado ser "pobre", certamente é doente e infeliz. A falta de saúde e cultura promoverá uma gestão focada na incapacidade de administração do dinheiro, que hoje é o maior destruidor de famílias no mundo, gerando 85% dos divórcios e aumentando vícios mais destrutivos (drogas, cigarros e álcool), além de ser o causador da insônia, disfunções sexuais e, possivelmente, uma das maiores fontes geradoras de angústias do ser humano, pois o impede de aproveitar plenamente as melhores sensações e experiências da vida. Por isso, é tão importante vivermos pela confraternização global.

Há séculos se fala em igualdade, irmandade e fraternidade, para que a humanidade tenha equilíbrio, cultura e humanização.

Acreditamos plenamente que esses três conceitos, que vêm desde os tempos mais remotos da Babilônia, estão ao alcance de nosso uso imediatamente.

A grandeza não consiste em ocupar algum cargo futuro, mas no fato de fazer grandes façanhas de vanguarda, usando de altruísmo, com poucos meios e realizar grandes propósitos nas escalas essenciais da vida.

Faça uma pausa neste momento e pense nas 12 pessoas mais importantes para você neste mundo – pessoas com quem vive, com quem trabalha e com quem tem frequente contato em termos sociais.

Quem são os 12 seres humanos importantes e significativos em seu mundo?

Talvez se possa incluir marido e mulher, os filhos, as pessoas com quem trabalha de perto em sua atividade profissional ou vocacional, amigos chegados ou vizinhos. Pense em tais pessoas nesse momento e se faça a seguinte pergunta:

O que significaria para mim se, no mês que vem, estas pessoas passassem a gostar mais de si, passassem a ter maior assertividade, autoestima elevada, além de maiores ideais sobre prosperidade? Será vantajoso para seu progresso – ou seria prejudicial, desagradável?

Será positivo ou negativo se estes magníficos seres humanos, com os quais você compartilha interação diária, desejarem subir a escala do amor próprio e, realmente passarem a gostar mais de si e, acima de tudo, acreditarem que o mundo é abundante e equilibrado para a humanidade?

Todos podem se tornar seres humanos melhores, vivendo no equilíbrio do Universo, na riqueza material e na infinita felicidade. Faça essa escolha agora e influencie as pessoas que ainda não partilham dessa essência. Tornou-se dono(a) deste **poder** a partir da obra que está lendo? **ÓTIMO!** Meu único pedido é que você torne outras pessoas visionárias!

Faça as pessoas participarem do estabelecimento de metas, fale "não" quando necessário, ou aplauda quando disser "sim" a uma ótima atitude que alguém tenha tido. Isso faz crescer a compreensão e a aceitação das mesmas. Um fato importante (e talvez surpreendente) é que quando participam de uma causa comum, o resultado é geralmente mais desafiador do que quando as metas lhes são impostas.

Os líderes são negociadores da perseverança e do futuro próspero

Lembre-se que os líderes inspiradores oferecem aos seguidores esperança e os encoraja a perseguir uma visão. Eles enxergam novas possibilidades estimulantes, falam de modo otimista sobre o futuro, acreditam que as metas podem ser alcançadas, articulam uma atraente visão do futuro e buscam metas mais ambiciosas.

Por que as metas são importantes?

- Porque trazem mais estrutura, planejamento e prosperidade aos lares, empresas e países.
- Elas fazem com que os colaboradores saibam o que se espera deles e criam o desejo inconsciente de superação constante.
- Podem aliviar a chateação. Imagine como alguns jogos seriam chatos se não houvesse pontuação.
- Quando as pessoas atingem suas metas, gostam mais de seus trabalhos e ficam mais satisfeitas com o próprio desempenho.
- Ao cumprir metas, a pessoa obtém reconhecimento dos pares, supervisores e de outras pessoas.
- O cumprimento das metas aumenta a autoconfiança, o orgulho da realização e a vontade de aceitar novos desafios, gerando assim maior crescimento conjunto.
- Seja específico(a). Metas específicas levam a desempenhos melhores do que metas vagas. A expressão "faça o melhor possível" tem quase o mesmo efeito do que não ter nenhuma meta. Imagine um atleta numa trilha circular, gritando para o treinador: "Quanto mais tenho de correr?" Se o treinador responder: "Faça o melhor possível" não vai ajudar muito. Do mesmo modo, metas dirigidas, a exemplo de "melhore" ou "perca peso", não dão resultados. Em vez disso, deve-se estabelecer uma meta específica, como "aumente a produtividade em 20% em seis meses" ou "elimine dez kg em dez meses" ou "enriqueça em dez anos, emocional e materialmente".

Resumindo este conteúdo, podemos dizer que existem duas maneiras para ser mais feliz:

1. Identifique as ocasiões nas quais esteja feliz e as expanda quanto puder por meio de ações criadoras.
2. Identifique os momentos de menor felicidade e reduza ações criadoras, ao mesmo tempo, entre em atividade para resgatar o estado ideal de felicidade.

Invista mais tempo em ser feliz e menos tempo em outras atividades. Comece cortando os "vales de infelicidade" e tenha sempre a certeza categórica de que o bom humor e o otimismo são geradores de hormônios poderosos na busca da plenitude.

Você tem mais controle sobre isso do que imagina, simplesmente evitando situações em que a experiência insinua que você provavelmente ficará infeliz. Para atividades que são ineficazes em fazê-lo feliz (ou eficazes em encaminhá-lo para a pobreza emocional e financeira) pense sistematicamente em "como" aproveitá-las melhor. Se isso funcionar, excelente! Do contrário, pense em como evitar tais situações e pessoas que não lhe agregam nada. Afinal, o provérbio pode ser antigo ou clichê, mas continua sábio:

"Antes só do que mal acompanhado."

Pense nisso!

A comunicação dirige nossos pensamentos e molda nossas ações. De alguma forma, ela nos ajuda a criar a realidade, evidenciando nossos pontos fortes e limitações. A habilidade para usar a comunicação verbal (oral ou escrita) com precisão é essencial para facilitar o relacionamento entre as pessoas.

Ressignificação se traduz, aqui, por *modificar* o *significado*, que seja eventualmente negativo, para formas e significados construtivos, de apoio, positivos. Use as dez dicas que exemplificamos abaixo. Com isso, seja mais feliz e agradável para si e para os outros, hoje e sempre.

Ressignificação por meio dos canais sensoriais

O poder das palavras em 10 LIÇÕES

1. Cuidado com a palavra "Não"

A frase que contém NÃO, para ser compreendida, traz à mente o que está junto com ela.

O NÃO existe apenas na linguagem e não na experiência.

Por exemplo: pense em "NÃO"... Não vem nada à mente. Agora, vou lhe pedir: **não** pense na cor vermelha...

Eu pedi para você **NÃO** pensar na cor vermelha e você provavelmente pensou.

Procure falar somente o que quer e não o que não quer.

Seu cérebro é uma eficiente máquina comparadora, use-a a seu favor!

2. Cuidado com a palavra "mas", que nega tudo o que vem antes

Por exemplo: "O Pedro é um rapaz inteligente, esforçado, MAS ÀS VEZES SE ATRASA..."

Substitua o MAS pela conjunção aditiva "E"

Veja a diferença:

"O Pedro é um rapaz inteligente, esforçado, e vai ficar ainda melhor quando prestar atenção aos seus horários!"

3. Cuidado com a palavra tentar. Pressupõe a possibilidade de falha

Por exemplo: "Vou tentar encontrar com você amanhã às 8 horas". Em outras palavras: Tenho grande chance de não ir, pois vou "tentar". Evite TENTAR, **FAÇA**. Diga "**Estarei lá" ou "Combinado, pode contar com minha presença"**. Quando apenas "tentamos", nosso cérebro prepara uma estratégia para "nos perdoar". Lá adiante, quando não lograrmos êxito no projeto, diremos a nós próprios que "era apenas uma tentativa, nem queríamos de fato"!

4. Cuidado com não posso ou não consigo

Estas expressões sugerem incapacidade pessoal e presente, de modo que é imprescindível colocá-las no passado. Use NÃO QUERO, NÃO PODIA ou NÃO CONSEGUIA, estas expressões indicam que você vai conseguir, que vai poder.

5. Cuidado com as palavras devo, tenho que ou preciso

Estas palavras pressupõem que algo ou alguém controla a sua vida em altos níveis de obrigatoriedade. Nosso cérebro não lida bem com aquilo que é compulsório. Faça o teste: você certamente não gosta quando alguém lhe diz: você **PRECISA** fazer isso! Certamente prefere quando dizem: **É IMPORTANTE** que você faça isso!

Outras estratégias: Em vez delas, use QUERO, DECIDO, VOU.

6. Fale dos problemas ou das descrições negativas sobre si utilizando o verbo no passado

Isso libera o presente e o permite vislumbrar novas possibilidades. Por exemplo, "Eu tinha dificuldade em fazer isto..."

7. Fale das mudanças desejadas para o futuro utilizando o tempo presente do verbo

Por exemplo: em vez de dizer "Vou conseguir", diga "Estou conseguindo". Desta forma, você não corre o risco de trair-se pela própria forma de se entender.

8. Substitua o se por quando

Por exemplo: em vez de falar "Se eu conseguir ganhar dinheiro, vou viajar", diga "Quando eu conseguir ganhar dinheiro, vou viajar". Seu cérebro merece que você o ofereça uma "quantificação", ao invés de uma "condição".

9. Substitua espero por sei

Por exemplo: ao invés de dizer "Eu espero aprender isso", diga "Eu sei que vou aprender isso". ESPERAR suscita dúvidas e enfraquece a linguagem cognitiva, remetendo-o a um "tempo" que pode ser arrastado por toda a vida, como é o caso, por exemplo, das pessoas que dizem: "só estou esperando ganhar na loteria para realizar os meus sonhos" ou daquelas que afirmam "espero que um dia eu vença na vida e todos tenham orgulho de mim".

10. Substitua o condicional pelo presente

Por exemplo: Em vez de dizer "Eu gostaria de agradecer a presença de vocês", diga "Eu AGRADEÇO a presença de vocês".

O verbo no presente fica mais forte e concreto. A credibilidade gerada por esta simples conjugação verbal pode ser suficiente para lhe gerar uma promoção no trabalho, melhorar seu casamento e garantir a saúde emocional de seus filhos.

Se você jamais teve contato com estas dez reflexões, a nossa sugestão é que preste muita atenção, estude a maneira como se expressa, porque podemos lhe garantir que se usá-las a seu favor, podem transformar a vida das pessoas ao seu redor e principalmente a sua. Anote, faça revisões, procure "se ouvir" e tenha resiliência, pois só conseguimos mudar o padrão de comunicação que nos acompanha durante uma vida inteira através da repetição. Seremos francos: vai ser difícil a princípio. Aos poucos, entretanto, você vai comemorar **resultados reais** a partir destas revisões.

ÀS VEZES CONSTRUÍMOS SONHOS
PARA COMPARTILHAR COM
SUPOSTAS GRANDES PESSOAS.
O TEMPO PASSA E DESCOBRIMOS QUE
GRANDES ERAM OS NOSSOS SONHOS
E ESTAS PESSOAS, PEQUENAS DEMAIS
PARA TORNÁ-LOS REAIS!

Regra de ouro na comunicação

Escute com muita atenção os seus interlocutores, e, caso não os entenda, sane todas as dúvidas, a fim de não perder muitas oportunidades pessoais e profissionais na vida. Divirta-se com a metáfora abaixo e guarde para sempre a sua ideia essencial.

Metáfora do banheiro - Falha na comunicação!

Tem uma sigla no Brasil muito conhecida e popular: "WC", mais conhecida como banheiro.

Pois é, veja a confusão que ela criou, na história abaixo:

Esta mesma sigla na Europa tem o significado, na gíria, de uma estância de mutação, um lugar para descansar, com finalidade religiosa, espiritual, transcendental.

Certa vez, uma família brasileira se programou para passar uns dias na Inglaterra e fez cotação a procura da melhor proposta.

Chegaram a melhor proposta e contataram o vendedor turístico mais experiente da Inglaterra para fechar o negócio. O vendedor muito experiente atendeu da melhor forma possível e fechou o negócio.

Faltava apenas o contrato para acertar as condições da viagem e os detalhes logísticos finais: passagens aéreas, alimentação, hotel, etc.

Alguns dias depois, chegou o contrato pelo correio. A família leu, viu que estava tudo certo, exceto por um pequeno detalhe.

Não viu, em nenhum parágrafo, como era o "WC". Então, enviou carta para o vendedor na Inglaterra, com a seguinte pergunta:

– Sr. Toddy, o contrato está correto, mas precisamos saber como é o "WC", para que possamos fechar negócio. Sem mais para o momento.

Após alguns dias, veio a resposta do vendedor, que muito prestativo se preocupou com a pergunta de dona Maria e prontificou-se pessoalmente em arrumar um "WC" bem próximo e mandou a resposta:

–Dona Maria: Tenho pleno prazer em informar que o nosso "WC" fica a apenas setenta metros de distância, as pessoas ficam todas juntas, de forma mista e agradável, pois não há nenhum tipo de preconceito quanto aos turistas. O ambiente é extremamente conservador, principalmente quando se trata da natureza, pois fazemos questão de reciclar o papel usando-o pelo menos duas vezes, usando e repassando para os outros companheiros. O som emitido pelo canto coletivo é inesquecível, quase uma ópera, o perfume do lugar é inigualável.

Teremos pleno prazer em recebê-los.

Aguardaremos vocês ansiosamente.

Sem mais para o momento.

Moral da história: preste muita atenção no linguajar diário com as pessoas e também com o linguajar técnico usado por você e pelo cliente. É você quem vai conduzir o cliente a caminho de sua necessidade.

Decálogo do discernimento

Compartilharemos com você a partir de agora o decálogo que guia as nossas vidas e a de milhões de leitores que tiveram acesso a ele por meio de artigos nossos e também pelos nossos seminários. Nós e milhares de pessoas alcançamos raciocínio lógico apurado, equilíbrio físico, mental e emocional, saúde, melhores condições financeiras e prosperidade, e temos certeza que você merece e terá tudo que tem como plano ideal de vida. O decálogo se baseia em:

1. Sabedoria

Por que precisamos dela? Porque tudo que sabemos até o momento não responde nossas dúvidas e não nos deixa empreender o nosso futuro.

O **Saber** é nosso passado e a sapiência é exatamente não se prender a ele, mas sim esquecê-lo para fazer o que ainda não foi feito com ações inteligentes, trabalho sinérgico, ousadia e talento. A incerteza, por sua vez, é terreno fértil para o cultivo de criatividade e liberdade. Incerteza significa entrar no desconhecido em todos os momentos de nossa existência. O desconhecido é o campo de todas as possibilidades, sempre frescas, abertas para a criação de novas manifestações. Sem a incerteza e o desconhecido, a vida se torna a viciosa repetição das velhas e pouco prazerosas memórias.

Quando começamos a ser sábios? Quando colocamos em dúvida o que já sabemos e, humildemente, passamos a reaprender lições à nossa sobrevivência num primeiro momento.

Ao perder a humildade, o ser humano se torna insuportavelmente arrogante, pois passa a entender que já sabe tudo, o que, felizmente, é impossível. A sapiência requer a renovação dos conhecimentos por toda a vida e também a necessidade de preparar futuros sábios que o superem, afinal evolução sem superação, na verdade, é regresso.

2. Satisfação

Realizar-se é a maior descoberta do milênio. É incrível como nossas empresas ainda não conseguiram descobrir o óbvio, ou seja, que as pessoas satisfeitas produzem mais, que as pessoas sorridentes consomem mais, que as pessoas com uma causa constroem empresas e países e que as famílias felizes constroem um Universo mais próspero. Vivemos dizendo que a pessoa mais importante para a nossa empresa é o cliente e que, portanto, é preciso fazer tudo que for possível para deixá-lo satisfeito. E quem pode deixar o cliente satisfeito?

Quem os atende, é claro.

E como satisfazer os clientes insatisfeitos, se quem os atende está igualmente infeliz?

A satisfação na vida e o prazer de acreditar no trabalho são sinônimos de prosperidade futura.

Muitos criticam a competição, mas na verdade ela nos traz novas visões de aperfeiçoamento. Na competição pela vida, você venceu 250 milhões de espermatozoides! Estes campeões avaliam a vida da seguinte maneira:

- Trabalho não é sobrevivência e sim fonte de vida.
- Crescer é sentir o prazer de ser maior como **Ser** e altruísta na essência.

- Errar é a oportunidade de ter convicção no acerto.
- Realização é o prazer de se preencher com equilíbrio.
- *Status* é o crédito que possibilita a movimentação social, na capacitação de recursos para os seus objetivos.
- Dinheiro é energia que possibilita o movimento e a posse de recursos para materializar suas realizações. E seu convívio diário com o dinheiro, como é?
- Liderar é a oportunidade de desenvolver o comando ou o mando coletivo de forma construtiva.
- Administração é a capacidade de lidar positivamente com as forças do ambiente.
- Necessidade de aprender é o prazer de descobrir-se e enriquecer plenamente.
- O gozo está na satisfação interior de preencher-se, sentindo que a alma se expande, que a cada dia se torna mais completa e que seus efeitos no mundo externo tornam-se cada vez melhores.

Não veja o trabalho como problema, pois ele é, na verdade, a chance de se descobrir e valorizar. A valorização consiste em fazer o melhor, pois se você não faz o seu melhor, o espelho se torna o maior concorrente de sua vida!

Trabalho é vida

Tudo é trabalho, tudo é ação.

É movimentação energética de potência, expansão, renovação.

Cresça hoje

Aqueles que produzem um trabalho superior ao salário, em breve terão um salário maior que o seu serviço prestado. A lei do aumento de lucros cuidará disso.

Se você só tem ações pelo dinheiro, não se esqueça:

As pessoas que são capazes de se vender, o fazem por mais do que valem. Lembre-se da ferramenta japonesa de trabalho, KAIZEN, que faz parte da qualidade total onde se pede às pessoas para amarem o que fazem no dia a dia e serem melhores, em tudo do que já foram hoje. Isto se chama "pequenos melhoramentos contínuos", ou Kaizen, em japonês. Esta filosofia tem a pressuposição de que as pessoas podem ser incentivadas e inovadoras sempre.

O que você fez hoje para melhorar o seu trabalho?

Você sabe quais são os tipos de trabalho que existem hoje? Trabalho criativo é aquele realizado por uma mente pensante, enquanto reativo é o trabalho desenvolvido pela mente nula que simplesmente copia, num estado de transe, sem crítica nem melhorias à rotina que aprendeu com outros, ao longo de sua vida.

Certificar as empresas é uma demonstração de eficiência por parte da diretoria. Uma empresa cresce por pessoas, não por máquinas. A "qualidade" é gostar e sentir carinho pelo que se faz.

Qualquer que seja o trabalho que uma pessoa realiza, ela adquire mais força se existir um sentido maior que apenas o de colecionar dinheiro. A importância da ação é maior que todas as limitações.

As pessoas ambiciosas têm planos grandiosos, mas sua dedicação vem da consciência de realizar o chamado de sua alma. Por isso, não venda sua vida pelo dinheiro. Se assim o fizer, saiba que isso não é ambição, mas sim ganância e este devastador sentimento é o carvão que melhor abastece a fornalha do fracasso.

A pessoa vencedora não sossega. Parece que está sempre procurando desafios. Nunca se acomoda e está constantemente inventando novidades para crescer.

A sociedade tende a ignorar quem se faz de vítima e a ter piedade daqueles que perderam.

Veja no exemplo de um estádio de futebol: quando um time acumula derrotas constantes, a torcida vai embora e o perdedor desperta pena e não paixão.

Supere as expectativas. Dê sempre um extra. Vencedores oferecem sempre mais do que o combinado. Eles sabem estar além do normal, porque são especiais. Pessoas fortes não se satisfazem com sonhos. Elas querem materializá-los e dão tudo de si para que isso aconteça.

É sempre poético dizer que se deve trabalhar por prazer, mas a verdadeira situação é que realizar sonhos é uma tarefa árdua.

Não basta saber, é preciso também aplicar; não basta querer, é preciso também agir.

As companhias não são máquinas, são organismos vivos. Qualquer estratégia só funcionará com a efetiva participação humana

Quem consegue realizar-se com o trabalho teve contato com uma das várias descobertas do milênio e, com certeza, o trabalho bem feito será sempre valorizado e reconhecido.

Crie um ambiente de trabalho prazeroso, seja um profissional em tudo que fizer na vida. Procure achar em você o que lhe traz realizações no trabalho.

O que você necessita hoje para trabalhar com prazer e dedicação?

O que você tem para oferecer de bom?

Seja qual for o trabalho executado, com certeza enobrece no que se refere a TER, SER, FAZER E TORNAR-SE.

Se você questiona isso, olhe para o seu coração, que trabalha de forma incansável, lhe dá a vida e tente pará-lo.

O que acontece? Isso mesmo, você morre.

Então, agradeça sempre ao trabalho maravilhoso e contínuo da vida, lembrando que para estar de pé, um pequeno milagre acontece dentro de você diariamente.

A natureza fez do ser humano um criador, mas ditou que ele só vai construir quando enxergar uma causa evolutiva e quando romper as fronteiras que delimitam um futuro melhor em sua vida, seu trabalho e sua sociedade.

As empresas devem acreditar e potencializar os "cérebros construtores" e não a "mão de obra *commodities*" que trará sérios prejuízos pessoais e financeiros para a sociedade. É através do pensamento e do trabalho feito com amor que nascem os maiores exemplos de sucesso da história. Neste mesmo sentido, ao contratar eventos motivacionais para os colaboradores, faz-se imprescindível observar a conduta, o conteúdo e a postura do(a) profissional que estará à frente dos trabalhos. Ele será o formador de opinião externa a influenciar o grupo. O segredo da contratação de profissionais treinadores e palestrantes está diretamente ligado à **congruência**. Observe a postura dos profissionais na vida social, esta sempre será a maior das referências. Afinal, a congruência entre vida pessoal e trabalho determina o quão apaixonados por pessoas estes profissionais são.

Todo trabalho é um autorretrato da pessoa que o realizou...
Autografe o seu com excelência.
Paulo Silveira

3. Segurança

Podemos nos sentir seguros sem a ideia de futuro em nossas mentes?

Por que a maioria dos seres humanos precisa dessa segurança?

Por que precisamos ver para crer, em vez de crermos e construirmos para ver, uma vez que há cada vez mais cultura e prosperidade universal? Que empresa ou empresário pode garantir, hoje, segurança às pessoas?

Nenhuma, ou nenhum. Só haverá essa ótima sensação corporativa quando sentirmos e fizermos parte do todo, de uma causa, de algo que demonstre um futuro construído por sinergia de seres humanos, construído com amor e alicerçado pela ética. O sentimento de segurança está diretamente ligado à ética ensinada em nossos lares e praticado em nossos ambientes de trabalho, onde passamos, na maioria das vezes, mais de um terço de nossos dias e a maior parte da nossa evolução como adultos.

A grande questão é que ainda somos "socialmente treinados" a acreditar que o trabalho é ruim. Bom é o lazer. Alguns países com mentalidade construtiva ensinam às suas próximas gerações que só o trabalho constrói. Acreditamos que, em breve, as crianças começarão a ter aula, em termos mundiais, de empreendedorismo, vendas e relações humanas. No Brasil, em particular, temos muitos empreendedores, a grande massa está evoluindo e percebendo que somos culturalmente e, em nossa capacidade de trabalho e educação, muito além de carnaval, futebol e samba para o mundo.

Uma considerável parcela da população ainda acredita que trabalha para alguém e se sente vítima do progresso, e do capitalismo. As pesquisas provam e até propriamente os caros leitores também tenham começado a trabalhar de forma reativa, talvez por sobrevivência. Todo trabalho é nobre, a questão é que muitas pessoas continuam fazendo o que não gostam, condicionadas apenas ao seu "salário para pagar as contas". Se você de alguma forma se identifica com esta situação, aí vão quatro dicas:

Primeira dica - O Universo é formado pela harmonia nas relações dos vários elementos que o compõem e nós somos partes desta relação harmônica;

Segunda dica - Precisamos entender que a sociedade é um

sistema vivo e que, portanto, a família, o trabalho, o lazer e a evolução são partes de um único entendimento.

Como consequência, a harmonia das relações entre as partes materiais e entre os seres vivos são mais importantes do que as partes em si. Logo, a sinergia virá da energia, do entusiasmo, do trabalho e da realização do todo.

Terceira dica - Nosso único caminho é a evolução cultural e social. Isso não tem nada a ver com treinamento, ou melhor, não tem nada a ver com o que entendemos como treinamento até agora. É preciso investir na essência das pessoas para que, depois, possamos fazer com que as ferramentas de trabalho melhorem. Somente na atitude e no querer é que as realizações acontecem.

Quarta dica – Aquilo que muitos entendem como lazer e dedicam suas preciosas horas para praticar, uma pequena minoria o faz com o mesmo prazer na labuta, aliado ao enriquecimento pessoal, profissional e financeiro. Em suma, o seu trabalho pode ser uma imensa fonte de prazer, depende apenas de como você olha para ele. Pense nisso!

A evolução vem por meio de necessidades latentes, a grande massa emergente está entendendo a sua força, que ela pode e faz a diferença, pois a prosperidade é um organismo vivo, onde somos ligados mutuamente. O sentimento de segurança está diretamente ligado à ética em nossos ambientes de convivência e de trabalho, isto é, sentimos segurança na mesma medida em que confiamos nas pessoas com as quais convivemos e trabalhamos.

Sem família não há tradição, sem educação não há alicerce, sem amor não há essência nem relações humanas, sem ética não há confiança, sem trabalho não há construção nem continuidade, sem raciocínio não há evolução e sem confiança não há segurança.

4. Sentimentos

Nossa intenção demonstra nosso caráter. Logo, os sentimentos podem ser de construção ou devastação. De união ou competição. De amor ou rejeição. De conflitos, ideias ou pessoais. Falamos "nós" ou "eu"? Que ambiente as pessoas têm e que sentimentos esse ambiente gera dentro delas? A hierarquia, no decorrer da história, foi e vem sendo usada para dividir e subjugar os seres humanos, ou apenas uma forma inteligente de identificar funções, responsabilidades, pré e proatividades? Alegria e amizade são sentimentos existentes ou sinônimos de irresponsabilidade e perigo? As relações pessoais não sofrem interferência de posições hierárquicas, ou seja, "cada um na sua"?

As pessoas se dedicam ao máximo em suas possibilidades e talentos ou fazem apenas o mínimo para sobreviver e não serem demitidas?

O pensar e a boa vontade, apenas, não são suficientes, pois como diz o provérbio: "De boa vontade, o inferno está cheio". O que vale, além de pensar e desejar, é o sentimento gerado e iniciado por meio da realização pelo trabalho.

Quais são os sentimentos que alimentamos diariamente? Não podemos mudar a realidade da raiz com a qual nascemos. Porém, não deixe que seu passado decida quem você é e jamais abandone a pessoa que formou você. Nosso objetivo é evoluir como ser humano, conquistar pessoas despertando suas melhores emoções e nos conscientizarmos de que crises servem apenas como um desafio para a inteligência, o trabalho sério, ético e o comprometimento.

5. Sinceridade

Essa é uma das maiores virtudes no ser humano, ter a liberdade de colocar seus pontos de vista, falar o que sente, falar do que acredita. Infelizmente, porém, somos condicionados e socialmente educados para reter nossas opiniões e ideias com toda a essência da sinceridade, sob o pretexto de nos "preservarmos", nos "mantermos" no emprego, por exemplo. Há quem entenda isso como ser "político(a)", "polido(a)". Há também perfis mais agressivos que entendem isso como "bajulação". O importante é entender que só a estrutura da sinceridade nos permite ser sábios, evoluirmos como grupo e nação.

É claro que sinceridade não quer dizer grosseria nem falta de educação, pois educação e respeito cabem em todos os momentos e servem como moedas de ouro, têm valor absoluto em qualquer parte do mundo.

Todos têm direito de expressar suas opiniões, valores e, mais que isso, sem que isso signifique "correr riscos". Em muitos ambientes profissionais, militares, religiosos e até mesmo nos lares sinceridade é sinônimo de "sim senhor; não senhor; pois não senhor; claro, agora; como não; ok, senhor;" etc. Em tais ambientes a regra é imperativa:

"MANDA QUEM PODE, OBEDECE QUEM TEM JUÍZO"

E como usar a sinceridade em ambientes "punitivos"?

A resposta é simples:

- Viva com pessoas que lhe agreguem valores mais positivos, que o queiram bem, tenham equilíbrio, falem de prosperidade e sempre muito bem de outras pessoas. Somente o ser humano de atitudes nobres aplaude o sucesso alheio e faz o bem sem se importar a quem.

6. Sinergia

Esta será a palavra mais usada pelas sociedades futuras. Hoje ela já é comumente pronunciada nas empresas, por pessoas e famílias mais evoluídas, em algumas sociedades, fechadas ou não, e em alguns países de estrutura mais preparada e calçada nas virtudes do pensamento construtivo. Por que a natureza é sábia? Porque é sinérgica. Por que seu corpo funciona? Porque é sinérgico. Quando os esportes de grupo funcionam? Quando são praticados com sinergia. Por que e quando a orquestra faz sucesso? Porque e quando é sinérgica. Qual é a maior tarefa do maestro? Fazer com que a orquestra trabalhe com sinergia. A empresa que conhecemos, na sua totalidade, pode ser a única atividade coletiva que ainda não descobriu isso e que, portanto, merece se transformar em sinérgica, ou não sobreviverá.

A hierarquia pode gerar sinergia? Sim, pode. Inclusive familiarmente, quando pais e parentes de melhor idade fazem o seu melhor para deixar o máximo de vantagens à próxima geração. Infelizmente, usamos a hierarquia para dividir, na maioria das vezes, e quase nunca para somar.

É possível haver hierarquia e sinergia?

Sim, desde que as pessoas não confundam poder hierárquico com poder pessoal e passem a hierarquizar apenas as funções, nunca as pessoas e, pior que isso, as ideias delas.

Tanto nas famílias quanto nas empresas, devemos ser uma sociedade de gigantes, pois numa família em que imperam a discórdia e os incultos, só haverá regresso, enquanto que, numa empresa devemos contratar pessoas com talentos e inteligência superiores à nossa, pois só assim seremos uma empresa de gigantes.

Sempre que falarmos em sinergia e crescimento de universo enquanto seres humanos, haverá apenas três perfis:

- Os que dizem que é impossível;
- Os que admitem que possa ser feito, mas jamais por eles;
- Os que fazem.

Qual é o seu perfil?

Muitas pessoas não trabalham sinergicamente por acharem que são melhores que as outras, ou mesmo porque têm a ilusão de que conseguirão vencer a união conjunta, não sabendo, na sua ignorância, que nas leis da natureza não há vencedores, fazemos parte de um ciclo de prosperidade. Quando um perde, todos perdem. Enquanto seres humanos, nenhum de nós é tão bom quanto todos nós juntos, como diria Warren Bennis.

Quando se trata de competição corporativa e, em algumas situações inclusive humanas, criamos para ser copiados e superados se possível. Assim acontece a evolução: crescemos num ciclo de eterno aprendizado. Nós sempre dizemos que a concorrência não pode gostar da brincadeira. Porém, terá de ser respeitada sempre, pois os concorrentes são nossos adversários, não nossos inimigos. Sua resistência nos dá força, seu espírito nos enobrece.

Embora nosso objetivo seja derrotá-los temporariamente para, quem sabe, nos tornarmos parceiros, se nós os vencermos, não os humilharemos jamais. Ao contrário, nós os honraremos. Porque sem a concorrência somos menos empreendedores, menos humanos e não teremos base para medir nossa própria capacidade humana, pessoal e intelectual. Reflita:

VENCER OS OUTROS NÃO CHEGA A SER UMA GRANDE VITÓRIA.

VITORIOSOS são aqueles que conseguem vencer a si, combatendo seus vícios e controlando as suas paixões.

A VITÓRIA sobre nós mesmos é muito mais difícil, pois ela acontece em plena solidão, nas dores mudas, sem os aplausos dos demais. Ela requer mais coragem, mais disciplina, mais ousadia, maior neutralidade em relação às críticas dos dissidentes e da nossa própria autocrítica.

Se você não consegue da primeira vez, faça de novo com o pensamento na vitória e não na derrota. O simples fato de investir mais uma vez já contará como uma primeira vitória. Considere sempre a verdade e nunca aceite os limites, principalmente os da idade, pois as pessoas nunca se tornam velhas, desde que seus lamentos não tomem o lugar dos seus sonhos, da busca incessante dos seus objetivos e das suas ações criadoras.

7. Solidão

A solidão é um dos maiores medos da humanidade.

As pessoas precisam de segurança, pela sua eventual falta de iniciativa, de assertividade e pelo medo da crítica. Nascemos sozinhos? Não. Vivemos sozinhos? Não. Morremos sozinhos? Não. Por que, então, no trabalho as pessoas se sentem tão sozinhas?

Conversamos com as pessoas em seus empregos e, mesmo falando sobre convívio em sociedade, o que mais ouvimos é:

"Aqui é cada um por si e Deus por todos. Aqui, quem pode manda e quem tem juízo obedece. Aqui, é fazer o que for possível para não ter que ver a cara do meu gerente. Aqui, quem puder 'ferra' o outro. Aqui é a guerra, amigo, e quem pode mais chora menos."

Tudo isso é um claro sinal de rejeição. Afirmamos que não é possível ser competente e feliz na rejeição. Rejeitado não sorri.

Todos nós somos capazes de lidar bem com a solidão, desde que não a associemos com a rejeição intrapessoal e interpessoal. Quando ela for intrapessoal, nos adoecerá por dentro e, quando for interpessoal, adoecerá também o ambiente que frequentamos.

Em resumo, a solidão não é um problema, não devemos nos sentir rejeitados pelos outros, principalmente os que não compartilham de nossos ideais, mas, sim, encará-la como um momento, uma situação momentânea. Se nos sentimos rejeitados, isso com certeza nos afetará nas relações familiares, no trabalho, na sociedade e com o tempo nos adoecerá.

De acordo com nosso ponto de vista, se isso acontecer, o melhor é dar um tempo, compreender o por que da rejeição e principalmente, se você vem sendo ímã de energias alheias ou se tem distribuído amor e zelo aos ambientes por onde passa. Um ótimo antídoto para isso é viver em equilíbrio, manter o bom humor e sorrir genuinamente, pois há uma riqueza inesgotável na essência de um sorriso. Não custa nada, mas cria muito, enriquece os ambientes, traz paz e bem-estar às pessoas. Enriquece os recebedores, sem empobrecer os doadores.

Mesmo que dure segundos, muitas vezes a memória lembrará para sempre. Ninguém é tão rico que possa ir adiante sem ele e ninguém é tão pobre que não fique mais rico com a energia que ele irradia e seus múltiplos benefícios.

É a essência do amor, repouso para o cansaço, incentivo para o desânimo, alegria para a tristeza e o melhor antídoto da natureza para o mau humor. Não se pode comprar, mendigar, emprestar ou roubar, pois não é artigo de valor para ninguém, senão quando dado naturalmente no melhor de nossa essência.

Sorria sempre que puder, preste atenção até no último minuto do ambiente em que você vive e gera, compartilhe seu sorriso, mesmo que a adversidade esteja testando você. Se acaso não houver reciprocidade, não se preocupe. O que você poderá fazer é sempre deixar um dos seus a alguém, por três motivos:

1. As pessoas exteriorizam na face sempre o melhor de sua essência interior;
2. Dê o seu melhor sorriso sempre, pois ninguém merece tanto um sorriso seu quanto aqueles que não conseguem sorrir;
3. Sorria, mesmo que seja pela matemática da qualidade de vida, pois uma face carrancuda trabalha apenas 16 músculos faciais, já ao distribuir um lindo sorriso, trabalhamos no mínimo 32 músculos. Pense nisso, seja feliz hoje e sempre.

8. Sonho

O sonho é inspiração para realizadores, desde os mais remotos tempos.

Os conceitos ser, fazer, ter e **tornar-se** permeiam a nossa essência e se desenvolvem pela imaginação, que é a oficina do espírito humano, onde as velhas ideias e fatos estabelecidos podem ser reunidos em novas combinações e empregadas de nova maneira.

Os dicionários definem a criatividade da seguinte forma: "Ato ou intelecto construtivo para agrupar material do conhecimento e das ideias em sistemas novos, originais e racionais: é a faculdade mental construtora ou criadora, abrangendo a imaginação poética, artística, filosófica, científica ou ética".

O artista ou escrevente pré-histórico criava a imagem do que ele precisava de básico para sobreviver: comida, abrigo, peles para fazer roupas e algum meio de se defender de outros homens e animais selvagens.

Você deve estar se perguntando agora: o que isso tem de comparativo conosco, pessoas civilizadas?

TUDO!

Imaginem o homem moderno sem comida, abrigo, dinheiro, carro, inseguro, com medo e tentando se defender do capitalismo selvagem para continuar vivo de forma passiva. Além destas preocupações, este homem do exemplo teria ainda de se preocupar com a prole... não seria fácil!

Hoje, como no passado, ocorre que a maioria das pessoas tem fé em si, outras, nem tanto - só reclamam em vez de contribuir de alguma forma - e outras ainda têm fé absoluta, passando coisas boas para o coletivo, crescendo de forma conjunta.

Pois bem, as repetições da imagem, da fé absoluta, do entusiasmo, trazem resultados maravilhosos e movem montanhas, sim.

Uma cidade é construída de pedras, calcário, cimento, ferro etc. Para tanto, porém, necessitou-se de muita fé de quem transforma o sonho em realidade, da fé de quem projetou o material necessário, da fé de quem comprou o maquinário, da fé do banqueiro e da fé dos funcionários que realizaram essas maravilhas. Em tudo que se faz, deve-se ter a fé como ação; tudo de bom vem para quem age enquanto espera.

A fé tem uma força extrema quanto a realizações. Hoje, porém, sem dinheiro é quase impossível realizar qualquer coisa, por mais simples que seja.

Durante séculos, o dinheiro foi amaldiçoado como coisa do "demônio".

E Mahatma Gandhi declarou:

"Os únicos demônios deste mundo são aqueles que estão em nossos próprios corações e pensamentos destruidores. É aí que todas as nossas batalhas devem ser travadas. Sua vida muda quando você muda e não é o dinheiro, ou nenhuma outra forma de poder que o mudará como SER."

É necessário ganhar dinheiro para, em determinadas circunstâncias, renunciar a ele. Além disso, sem bens, não se faz BEM.

Dinheiro e ambição

A vontade de ser rico(a) não vem a ser exatamente ter ambição e sim um misto de trabalhar com vontade, dedicação ao que faz de melhor, ter uma vida digna e independência de trabalho.

Em casa que não tem "pão", todo mundo chora e ninguém tem razão.
Paulo e Michelle Silveira

O ser humano energeticamente bem-sucedido é aquele que consegue transformar, por meio da dedicação, suas fantasias em realidade, dentro de sua limitação e bom senso.

Tenha iniciativa de construir sempre o melhor. A iniciativa é a chave que abre as portas e as oportunidades da vida, seja qual for a sua área de atuação. Devemos lembrar que o único limite que existe para nós, "guerreiros que constroem", é o que está em nossas mentes.

Quem vive sem entusiasmo e não acredita em si, não pode acreditar em mais nada!

O ser humano tem o que se pode chamar de "plantas" das suas realizações na mente.

Use toda a força do entusiasmo e o trabalho falará por si em resultados. O entusiasmo é um estado de espírito que inspira e incita à ação. Mais ainda, é contagiante!

É uma das mais potentes forças da alma. Conserve-o e nunca lhe faltará poder para viver bem.

Entusiastas gostam de trabalhar com energia e raciocínio, desconhecem derrotas.

Desprovidas de entusiasmo, as pessoas ficam nuas emocionalmente. Este sentimento representa, portanto, a sua melhor roupa, atemporal no quesito moda, confortável para se vestir e prazerosa de se olhar no espelho!

O dinheiro é nobre, não é "do mal" e você merece tê-lo!

O que é o dinheiro

O dinheiro, na verdade, é o potencial, representa a possibilidade de movimentar os recursos da vida.

É uma energia poderosa a criar meios e experiências para as realizações da alma. Vem a ser um dos mais inteligentes recursos para a realização de nossas conquistas. É um meio e não um fim em si mesmo.

Quando as pessoas desvalorizam o dinheiro, é porque têm o hábito de desvalorizarem a si mesmas.

Dinheiro é valor

A ambição universal e saudável pelo dinheiro é um traço valioso da cultura de nossa civilização, uma referência que faz parte da nossa consciência social.

O dinheiro representa saúde, força, honra, generosidade e beleza; tão inegavelmente quanto sua falta significa enfermidade, debilidade, necessidade, frustrações e diversas coletâneas de sentimentos negativos.

Sucesso é dinheiro

O dinheiro é a emoção convertida em realidade, um canal onde o fluxo de semelhantes, fatos e sabedoria aplicada durante a vida regam e dão frutos aos seus desejos mais profundos, em forma de presentes do Universo pela sua própria criação. A pobreza não produz infelicidade, nem desmerece nenhum ser humano, porém quando as pessoas não têm ambição e fé absoluta em "SER" alguém melhor, param no tempo e este, de aliado passa a vilão, degradando a existência.

Quem não sente a ânsia de ser melhor em qualquer atitude que tenha, não chegará a "SER" uma referência em sua área.

Às vezes, as pessoas veem as coisas como elas são e perguntam:

- Por quê?

Sonhamos com algumas coisas que ainda não aconteceram, ambicionamos e perguntamos: **- "Por que não"?**

Dinheiro sem alma é o caminho para a pobreza espiritual; talento sem dinheiro é o caminho para a pobreza material e falta de autoestima

Vamos contar uma história, para que vocês, leitores, façam uma reflexão sobre a importância do trabalho para si e para o coletivo:

Metáfora da ambição

Três trabalhadores encontraram-se à mesa de uma adega para comemorar o resultado de seus trabalhos. Um era vendedor, o outro carpinteiro e o terceiro era coveiro.

Disse o vendedor:

- Vendi hoje uma máquina copiadora e tive o resultado positivo que planejei.
- Bebamos todo o vinho que quisermos.
- E eu - disse o carpinteiro - vendi meu melhor caixão. Teremos um grande assado com o vinho. Pois minha satisfação é trabalhar no que gosto e me divertir trabalhando.
- Eu somente cavei uma cova, mas meu entusiasmo ao fazê-lo rendeu-me um dinheiro extra e recebi o dobro pelo trabalho bem feito. Peçamos bolos de mel.

E, por toda aquela noite, a adega esteve movimentada, porque constantemente pediam vinho, carne e bolos. E estavam alegres.

O velhinho esfregava as mãos e ria para a mulher; pois seus clientes estavam gastando largamente, comemorando os resultados com plena satisfação.

E quando partiram, a lua estava alta no céu e eles caminhavam pela estrada, cantando felizes e soltando gritos.

O velhinho, dono da adega, e sua mulher ficaram de pé à porta a olharem para eles.

- Ah! - disse a mulher - que cavalheiros! Tão generosos e tão alegres!.
- Se eles pudessem fazer-nos a mesma sorte todos os dias, nosso filho não precisaria ser dono de adega e trabalhar tão duramente. Poderíamos educá-lo e ele poderia ser um profissional que não depende de outrem para viver.

Moral da história: valorize sempre o resultado de seu trabalho com alegria. Não espere que os outros lhe deem oportunidades de crescimento, vá buscá-las.

Em que ramo você está?

Seja qual for, procure melhorias sempre. Só assim a ambição o torna uma pessoa melhor.

O valor dos nobres se mede pelas suas atitudes:

- Permite o aproveitamento do tempo.
- Dá maior regularidade ao trabalho.
- Torna os profissionais mais pontuais com os clientes.

O tempo é a maior aventura da vida

Quatro coisas que não voltam atrás:

- A flecha desferida.

- A palavra proferida.
- A água que move o moinho.
- E a oportunidade perdida.

O caráter empreendedor, do esplendor à juventude, o respeito à pele enrugada e aos cabelos brancos. Grandes adultos são aqueles que não perderam a candura de sua infância.

A tendência nas empresas é a instalação de métodos e espaços de recreação para os funcionários, a fim de uni-los mentalmente e fazê-los relembrar a pureza da infância, o companheirismo e os laços familiares. Os milagres da vida moderna acabaram com inúmeras doenças, unificaram o mundo pelas mudanças tecnológicas, modernizaram máquinas, criaram órgãos e bebês em laboratório e até já identificaram e mapearam as pessoas pelo Genoma Humano. Em todas estas realizações, o tempo foi o fator determinante.

Realizar-se: a descoberta do milênio, que faz as pessoas sonharem e construírem!

Com certeza, uma das maiores descobertas do milênio é a autorrealização, que gerou entusiastas a ponto de virarem piruetas como crianças, apenas por terem conseguido uma meta em equipe ou chorarem por palavras sinceras de alguém que os quer bem.

Somos e sempre seremos grandes revolucionários, como também sempre teremos dificuldades para administrar nossos sentimentos. Em uma fração de segundo, você pode transformar um grande homem numa criança pura e delicada, apenas com a atitude verdadeira de querer vê-lo bem.

Muitas abordagens tradicionais voltaram para a melhoria do potencial humano e para o aumento de possibilidades.

Não existem boas ou velhas ideias. As boas ideias são universais e estarão sempre presentes. Algumas delas bem conhecidas, como nomes, atitude mental positiva, entusiasmo, construtivismo, educação, chama interior, meditação profunda, etc.

Entre tantas boas ideias, vamos dar a você uma receita para uso pessoal ou profissional:

- Para deixar seu dia mais próspero, ofereça sempre às pessoas um sorriso alegre quando o dia estiver um pouco triste.
- Deseje uma amigável conversa quando as horas lhe pa-

recerem vazias.

- Deseje um abraço carinhoso, quando elas se sentirem sozinhas.
- Além de tudo, deseje o melhor em tudo o que fizer.
- E felicidade onde quer que vá.

O tempo passa e as pessoas tentam não se perder nas ilusões e situações criadas por elas mesmas.

Muitos se tornam mais um na multidão, infelizmente, porque têm apenas a juventude, mas sem perceber se tornam imaturos para sempre. Deixam-se levar pela falta de criatividade, de entusiasmo e se perdem como muitos que deixam de ser descobertos pela falta de ação.

A criatividade e o bom senso, tratados como objetos de arte, crescem a tal ponto com a ação, que podem ser imortalizados. Todos têm este poder, mas nem todos usam estas maravilhosas habilidades e nos perdemos no abismo das conjecturas e das "eternas urgências". É neste momento que você pergunta para as pessoas se elas estão bem e ouve a resposta: "correndo" ou "na correria de sempre".

No auge das mudanças, só a mente precede e domina todas as ações, crenças e valores.

Nossa inteligência é mediada pelas experiências opostas e diversas, mas mesmo assim fazemos as coisas acontecerem.

Não interessa o quão bem-sucedido(a) possa ser.

Hoje e sempre você sempre poderá melhorar. - Essa é uma atitude sábia e que só cabe a você.

Procure entender que você é subproduto da sua mente. Na maior parte do tempo, usamos apenas 5% de nossa capacidade mental para viver e sobreviver, o que nos deixa uma área de autodescoberta de 95%. Basta explorar este infinito poder que adormece em você. Ou seja, se com 5% desenvolvemos, do início da criação até hoje, essas maravilhas existentes, imagine o que podemos criar e melhorar daqui em diante.

Realize, realize, realize...

Há dois caminhos na vida:

- Um é limitado, o outro é imenso.
- Um traz realização, outro a miséria.

O primeiro é o que você espera e o que lhe dão, o outro, o que você ambiciona e no qual se realiza sem limites.

Em qual você se encontra hoje? Pense nisso!

Pequenas diferenças no êxito, hoje, trarão grandes diferenças num futuro próximo.

Faça hoje! Sejamos realizadores, proativos, inovadores e corajosos. Com estas qualidades encalacradas em nosso âmago, a derrota "não tem tempo" para se aproximar de nós!

Você é feliz hoje? Pergunte-se sempre:

O que eu preciso para ser feliz? O que é felicidade? Busque seus sonhos

Pessoas temporariamente limitadas são ingratas, mas para nossa felicidade, o sentimento de gratidão mora em quem a pratica e não em quem a recebe.

O sistema pode até aniquilar pessoas livres, que vivem segundo suas consciências, mas não pode escravizá-las por uma razão simples: elas não têm medo da vida, porque **fazem parte** dela!

O caminho da sabedoria é não ter medo de errar e não se deixar influenciar por fatos e seres negativos.

O inquestionável poder da natureza veio antes do entendimento do ser humano.

No afã de dominar a natureza sem antes se dominar, acabam se matando por ansiedade e ganância.

Tenha autodomínio e, a partir de hoje, veja felicidade em acordar, na sobrevivência e nos pequenos atos que fazem a diferença.

A vida de todo ser humano é direcionada a uma viagem para dentro de si. Por isso, descobrimos que a felicidade depende apenas da simplicidade das coisas e que cada pessoa recebe, no dia a dia, um impulso para se tornar melhor, como evoluídos que somos pela condição nata.

O tempo passa e não voltará, mas cresça nesse tempo e deixe o seu melhor legado.

Pensamentos construtivos em conjunto, gerados dentro de cada um, constituem uma força magnética que atrai pensamentos coletivos e fazem a diferença para a humanidade.

Nós podemos despertar essa força, ressuscitar sonhos do passado e realizá-los hoje. Como fez Alberto Santos Dumont que, baseado no voo dos pássaros, inventou um dos meios mais rápidos e seguros de locomoção; ou como Thomas Edison que, a partir de um fenômeno da natureza, inventou um instrumento chamado lâmpada que ilumina a todos nós.

Só quem constrói faz a diferença

Nós temos essa força e podemos despertá-la, porém sempre lembrando que apenas o pensamento positivo não é suficiente para transformar nossos sonhos. As ATITUDES positivas serão a materialização de nossos sonhos.

O passado não importa; qualquer coisa que não tenha dado certo no passado, nada tem a ver com o que você fará agora.

O que você faz hoje é fundamental para desenvolver talento, para moldar seu destino.

O seu passado não é igual ao seu futuro e não podemos nos sentir desencorajados, porque a cada investida rumo à realização, outro passo é dado com possibilidade de acerto.

Veja o que você pode fazer hoje pelos outros, sem esperar retribuição, a "lei das compensações" lhe dará a justa meritocracia. Viva intensamente hoje, da melhor forma possível, a felicidade constante.

Há pessoas capazes de sacrificar o conforto de um mundo já existente e explicado a exaustão, pelo êxtase e desafio de descobrir um mundo novo, com novas formas de felicidade.

A verdade é o caráter em parceria com a natureza.

Para que tenhamos felicidade, basta levantar as "pálpebras de chumbo" e contemplar a visão que a lógica turvou durante a vida inteira. As suas emoções terão prazer em lhe descortinar estas sensações.

Fazemos parte do universo que criamos e a natureza é a nossa maior parceira, ou melhor, fazemos parte dela. A natureza nos dá a matéria-prima pronta e nós a transformamos em sonhos realizados pela ação do trabalho inteligente e sustentável.

Se destruíssemos todos os sonhos, a Terra perderia suas formas e suas cores, enquanto nós adormeceríamos em uma cinzenta ignorância

Aqueles que não souberam organizar um mundo melhor para si, são estranhos no mundo em que criaram e vivem sem fundamentos e metas. Os fortes criam seus acontecimentos e os fracos dependem da imposição do destino e da "sorte".

Nós somos milagres químicos que sonham, por isso realizadores natos.

Muitas vezes fazemos coisas que duram pouco, mas o suficiente para serem inesquecíveis, pois o destino une e separa coisas e pessoas. Não há nenhuma força capaz de fazer esquecer as pessoas e os fatos que fazem ou já fizeram nossa felicidade diária.

O tempo é um grande mestre que cura as feridas das derrotas temporárias, corrige as desigualdades e os erros do mundo. Para o tempo, nada é impossível. Faça hoje!

Mergulhe no futuro o quanto os olhos podem ver, tenha a visão do mundo e de toda a maravilha que ele será. Realize. Vá buscá-lo. Não existem limites para crescer!

O Universo já lhe deu a força vital e pessoal da qual você precisa. Quando realiza cada sonho, meta ou objetivo, aprende com isso e, a cada dia, conquista melhoras.

Quando você comete erros, a vida lhe cobra e essa conta; cobrança pode ser dolorosa. Então você se transforma como o aço: quanto mais é experimentado(a), com mais dureza e qualidade fica.

Em nossas mãos, concentra-se tudo o que precisamos para nos realizar em qualquer situação possível e imaginária. Cada pessoa que tem a benção de nascer, tem em suas mãos a essência para se tornar uma grande pessoa e a receita para continuar sendo mais uma na multidão. A grande maravilha no ser humano é esta dualidade. Basta escolher e colher os resultados, sem certo ou errado, apenas os seus resultados.

É preferível ser chamado de "louco"(a) e realizar, que ser mais um "comportado"(a) comum.

Você já ouviu as pessoas em várias situações dizerem:

- Tal sujeito é louco!
- Você viu como ele trabalha?
- Isso não vai dar certo.

Tempos depois, quando a atitude que era chamada de loucura deu certo, então o diálogo muda:

- Nossa, o fulano, aquele sujeito que nós achávamos que era louco, está rico!

E o outro ser desanimado responde:

- É. A vida é injusta comigo.
- Não me deu nenhum talento especial, nem sorte eu tenho.

- Nada dá certo.

Talento é a prática diária de "fazer o que se gosta" com amor e dedicação, para se colher resultados ao final de um trabalho bem iniciado. Queremos oferecer para você algumas perguntas estratégicas para o seu desenvolvimento.

Sempre que criar algo que tenha sonhado, volte a este capítulo e faça uma nova reflexão:

- É possível viver sem sonhar?
- É possível ter e manter uma família unida sem educação de base, sem bens, sem dinheiro, sem sonhos, sem estímulo, sem perspectiva?
- É possível trabalhar bem sem associar o trabalho à realização de um sonho?
- Outro dia ouvi uma expressão muito agradável: a idade nada tem a ver com data de nascimento. É a capacidade ou incapacidade de sonhar que a define. Você respeita os seus sonhos, seja qual for a sua idade?
- Você acredita que as empresas onde as pessoas trabalham fazem parte dos seus sonhos de evolução? Esse é o seu caso?
- O trabalho é parte importante e integrante do que as pessoas desejam como um todo? Ou acreditam que estão ali esperando a aposentadoria?
- O trabalho é apenas uma chateação diária que as pessoas suportam para pagar suas contas, na ilusão de ganhar ou arrumar algo "melhor", fazendo as mesmas coisas?
- Eu vibro de alegria e amor com o que faço?
- Realizo-me com o trabalho que exerço?
- É apaixonante falar às pessoas das minhas realizações e sonhos, frutos de meu trabalho?
- Recebo o reconhecimento pessoal, profissional e financeiro na profissão que escolhi para passar parte de minha vida?
- Com esta profissão, consigo realizar meus sonhos?

Esperamos que você tenha respondido SIM para todas, ou para a maioria das questões, pois elas constroem e influenciam a sua realização pessoal, material, familiar e estão diretamente ligadas à sua prosperidade, saúde e ATITUDES.

Seja feliz e grato independente de circunstâncias Assim, eliminará a maior parte dos medos na sua vida

Não tenha medo de ser feliz em nenhuma fase de sua vida. O medo é a emoção que experimentamos quando nossa mente contempla no futuro alguma MUDANÇA. Os medos que rondam nosso dia a dia nos impedem de termos mais sucesso e de realizarmos nossos sonhos... E, devem ser eliminados gradualmente de nossas vidas.

A seguir descreveremos de forma detalhada alguns destes medos e o que você pode fazer em relação a eles para tornar suas ATITUDES vencedoras e superá-los. Trazendo de volta seu equilíbrio, sua autoestima e autoconfiança em relação às suas metas de vida.

Medo do fracasso

O medo do fracasso o impede muitas vezes de iniciar um empreendimento próprio onde tenha que colocar sua coragem à prova. O emprego, onde você limita suas atividades àquilo que já sabe como fazer e no qual os resultados dos seus esforços são engessados pelo envolvimento de outras pessoas é muitas vezes mais cômodo, mas em contrapartida, o mantém sempre na mesma situação cultural, social e financeira. Tome hoje a iniciativa de investir em uma atividade que lhe traga maior prazer, autoconfiança e lucratividade.

Medo do sucesso

Muitas pessoas preferem ficar como empregadas por que seus pais não tiveram a chance de evoluir e terem cargos melhores, então têm como obrigação ficar também estagnadas para não serem "superiores aos pais". Ou se subirem de cargo, o que os amigos vão achar? Será que continuarão frequentando suas casas?

Mesmo tendo a sua própria empresa, muitos não almejam o crescimento, a expansão. O sentimento de "vou continuar pequeno por que não quero tomar o espaço de ninguém no mercado" ou "melhor assim por que se eu crescer vão pensar que estou ganhando muito dinheiro e aí terão inveja de meus negócios" e ainda há o popular provérbio "em time que está ganhando não se mexe".

Se você permanecer com este sentimento de se sentir culpado em almejar o sucesso, cuidado, pois a maioria está de olhos abertos e evoluindo para crescer a cada dia. Pois a evolução traz prosperidade, não só ao dono, mas proporciona melhores oportunidades para seus empregados e à sociedade, que usufrui de melhores resultados.

Medo da rejeição

O medo da rejeição está relacionado ao fato de você ter medo de oferecer seus produtos ou serviços por que desconhece a reação das pessoas. Mas se você não ofertar, não demonstrar que tem interesse na venda e descrever seu produto ou serviço, não é por adivinhação ou pena que as pessoas comprarão de você. Outro fato relacionado à rejeição é que muitas pessoas têm medo de receber NÃO. Você precisa aprender a vender seus produtos, serviços, ideias com a certeza de que está resolvendo problemas das pessoas e clientes com nobreza e geração de lucro.

Medo da morte

O medo da morte está fortemente associado a assuntos relacionados com dinheiro e sucesso. As expressões que usamos em nosso dia a dia evidenciam isso: "ganhar a vida", "matar-se de trabalhar" ou "trabalhar para sobreviver". É importante nos conscientizarmos de que o dinheiro faz parte de nossa vida, que o lucro é a semente do amanhã e que ser VENCEDOR É UMA ATITUDE que traz autoconfiança, influência e ganhos pessoais e coletivos que geram longevidade e uma vida digna a todos.

Medo do desconhecido

O medo do desconhecido está associado geralmente ao medo da mudança. Mudanças são positivas sempre... Pois se você conhece sua situação atual, sabe de suas dificuldades e das regras para ganhar o jogo, rapidamente evoluirá. Deixo aqui uma ótima afirmação:

- Se você consegue explicar passo a passo como resolver suas buscas e seu planejamento rumo aos seus objetivos, o medo da mudança será autoeliminado.

Medo da perda

Mesmo em projetos bem-sucedidos existe o risco da perda. Perdas de dinheiro, de energia, de tempo, são muitos os fatores que "apostamos" em um projeto. Mas se não arriscarmos, se não apostarmos acreditando que dará certo, já perdemos por termos pensamentos negativos e que jogaram a ideia que pode valer milhões, para escanteio.

O risco é inevitável, é impossível prever todas as variáveis de um jogo. Mas você só tem a chance de ganhar, se jogar. Ficar olhando os apostadores não dá a você nenhuma chance.

Vença seus medos, e você terá muito mais prosperidade e abundância em sua vida.

A palavra de ordem é equilíbrio, jamais medo. Não estamos sugerindo que você seja inconsequente, destas pessoas que nada temem e erram exatamente por isso. A proposta é que você entenda seus medos sem jamais paralisar por conta deles, para que este sentimento não represente um calabouço no qual seu espírito se refugia, procurando se esconder.

O medo gera superstição e a superstição é um punhal, usado pela limitação na tentativa de lhe assassinar a alma! A boa notícia é que isso somente acontece se você assim o permitir.

Lembre-se de que o único limite é aquele que você fixa em sua mente. Todos nós devemos ser sonhadores... Todo empreendimento necessita de sonhadores.

O mais importante: sonhadores também devem ser realizadores, ou no mínimo formar alianças com pessoas deste perfil, para que os sonhos não se tornem utópicos.

Não se pode semear milho e colher alface, a natureza não age dessa maneira, mas sim por meio de "Causa e Efeito".

Como diria William Shakespeare, nossas dúvidas são traidoras, fazem-nos, muitas vezes, perder bens que poderíamos conquistar não fosse o medo de ousar.

A ousadia inteligente ganha tempo e vida para você.

A economia justa é automática, onde recebemos o que damos.

Se o tempo vence as pessoas e o medo lhes impede de viver, elas já encomendaram as suas mortes.

Buscamos preencher o vazio da individualidade e, por um breve instante, desfrutamos da ilusão de estarmos completos. O amor une e depois divide. Ainda assim, o amor é mais veloz.

Um sonho louco não tem regras, a natureza nunca o limitará, desde que você seja feliz.

Devido às leis das compensações de todas as coisas, tanto no trabalho como na vida pessoal, não pode haver mentiras e enganos, pois o ladrão rouba a si, apenas não o percebe.

O verdadeiro preço do trabalho consiste no conhecimento e

na virtude que se encontram na natureza, pois o crédito é a maior riqueza do homem.

Os sinais podem ser falsificados ou roubados, mas o que eles significam?

O que vale um quilo de ouro no fundo do mar?

O que vale um litro de água no meio do Amazonas?

Os conhecimentos e virtudes de uma pessoa nunca podem ser retirados, são únicos.

Existe um círculo onde se movem todos os negócios humanos e o seu mecanismo é tal que os impede de serem sempre felizes. Portanto, modele suas engrenagens estratégicas da melhor forma possível para a total felicidade.

A desejada igualdade não pode existir na sociedade, como não existe na natureza; isso se dá para que possa haver um equilíbrio e só você pode fazer por si mesmo.

Os filósofos têm confundido igualdade com semelhança.
Os homens nascem com perspectivas semelhantes;
Mas jamais serão iguais. **Paulo Silveira**

A natureza lhe dá a chance de não ser mais um(a) na multidão. Faça jus a isto.

Só pode ser feliz quem vive e acredita na concepção inteligente, a ponto de nunca fazer um plano que exija de outra pessoa uma cooperação que não lhe traga qualquer compensação.

Feliz é a pessoa que sabe estimular sua mente para que funcione construtivamente a ponto de realizar o seu desejo, desde que esteja forte e profundamente enraizado.

De outra forma, será infeliz a pessoa que, por ignorância ou egoísmo, pensa poder atravessar o mar da vida no frágil barco da independência; pois ninguém é totalmente feliz se não levar outros à felicidade.

Todos agem de acordo com o sentimento que abrigam no coração, em qualquer tempo.

Lembremo-nos de que quando as coisas estão contra nós, de todas as expressões que se estampam em nosso rosto, é a luz da alegria que brilha sempre.

Não há pessoa preguiçosa que esteja garantida na vida, quer seja rica ou pobre, educada ou ignorante. Seja qual for sua condição de vida ou nacionalidade, a vida lhe dará os resultados que buscou.

Apenas quatro *insights*:

- Quem nunca sofreu, nunca viveu intensamente.
- Quem nunca fracassou, nunca lutou nem se esforçou.
- Quem nunca chorou é também estranho ao riso.
- E quem nunca duvidou, também nunca pensou ou somou.

Neste mundo o que vale é o contato humano das nossas mãos, a palavra de carinho para um coração desolado, um teto para acolher e um pão para dividir, porque, terminada a noite, se vai o teto; o pão dura apenas um dia; mas o contato das mãos e o som da voz cantam na alma para sempre.

A felicidade não é uma estação, mas é uma maravilhosa forma de viajar rumo à nossa verdadeira essência para nos transformar, por meio das atitudes em CONSTRUTORES DE PROSPERIDADE.

A seguir, queremos compartilhar um texto e nessas últimas ideias, também a nossa energia. **NÓS ACREDITAMOS EM VOCÊ!**

O Universo é abundante e a escassez não existe. Existem, sim, escolhas.

Você vai vencer! Coloque em ação as lições desta obra, cuja composição deu-se após muitas noites insones e ao mesmo tempo prazerosas, pois nunca duvidamos que o amor compartilhado nestas páginas poderia transformar vidas.

Aproxime-se de semelhantes prósperos e seja altruísta sempre. A plenitude surgirá em sua vida por meio de três formas (no mínimo):

- Evoluindo com toda a sua energia desde o nascimento, mesmo que se considere renascido(a) a partir de **agora;**
- Vivendo com muita sabedoria, tendo a consciência de que veio para liderar e ser superado(a) pela próxima geração e que, mesmo assim, aprenderá, compartilhará, ensinará e doará esse conhecimento para um sucessor. Somente assim nos tornaremos líderes de essência. Nessa intersecção está a verdadeira virtude e o significado de sermos líderes servidores.
- Por mais prósperos que sejamos, em algum momento de nossa vida devemos fazer filantropia com o que mais valorizamos, sem nenhum pretexto para não fazê-lo.

Construtor de prosperidade
(por Paulo Silveira)

Sou pedreiro de pensamentos livres e seguidor de bons costumes. Pois celebrar a vida é somar amigos, experiências e conquistas, prosperando conjuntamente, sempre evoluindo e deixando um significado maior a tudo que foi e ainda será "construído" por nós.

Você é um fabuloso ser humano, que faz parte da vida e do pulsar do Universo.

Coloque sua mente acima das dores que às vezes ferem seu coração. Se a fadiga o vitimar, descanse na certeza de evoluir onde puder renovar suas energias.

Confie no equilíbrio e trabalhe rumo aos objetivos e panoramas prósperos – sem medos, sem fracassos, sem amarguras, sem castigos! SIMPLESMENTE EVOLUA.

No final, tudo passa, restando sempre experiências pessoais e intransferíveis, saber próprio ou coletivo.

Educação que não muda a vida da gente não serve para nada.

Somos autênticos apenas quando parecemos com aquilo que acreditamos.

Acredite, trabalhe, EVOLUA.

QUE O UNIVERSO SOME FORÇAS PARA VOCÊ VENCER!

ATENÇÃO - O MINISTÉRIO DA PROSPERIDADE ADVERTE:

Deixar de viver uma vida saudável e feliz com a família é extremamente prejudicial à saúde.

9. Sucesso

Você aprecia pessoas de sucesso?

Pessoas dotadas de sucesso financeiro, social, profissional, sentimental e familiar? Elas o inspiram? Você conhece algo mais energético que o sucesso?

Quantas vezes, em todos esses anos que trabalha, você teve a oportunidade fantástica de sentir sucesso ou aplaudir alguém com fervor, sonhando também um momento semelhante para si?

E quantas vezes você já sentiu que fez algo de sucesso e ninguém lhe disse uma única palavra, mas você pôde sentir isso em seu brilho no olhar e no seu sorriso, como que dizendo "parabéns"!?

Por que as famílias, pessoas e empresas, na maioria das vezes, não valorizam as pessoas de sucesso e preferem nivelar tudo a partir de exemplos medianos?

No ambiente de vendas, em algumas empresas, há momentos em que se tenta explorar isso, mas ainda assim, muitas vezes, da forma errada, sendo uma ação mais destrutora do que construtora de energia, pois faz-se do sucesso apenas um meio de manipulação grosseira e não uma fonte de energia. O sucesso traz à mente a aproximação da realização do sonho que estamos construindo diariamente e nos dá, também, a satisfação de estarmos vivos, de sermos competentes, realizadores, construtores de sonhos e de um Universo regado a riqueza sob todos os aspectos.

Mas o que significa SUCESSO?

Texto de reflexão - SUCESSO

O sucesso significa prosperidade pessoal: uma bela casa, férias, viagens, novidades, segurança financeira, significa dar aos nossos filhos e à próxima geração o máximo de vantagens. O sucesso representa conquistar admiração, poder, liderança, olhares respeitosos na família, no trabalho e na sociedade.

Sucesso significa liberdade: libertar-se dos aborrecimentos, dos temores, das frustrações e do fracasso. O sucesso significa acima de tudo respeitar a si, encontrando mais felicidade e satisfação na vida, ser capaz de fazer mais pelos que dependem e torcem por você.

SUCESSO significa VENCER.

Obter sucesso é realizar-se, esse é o objetivo da vida!

Todo ser humano deseja sucesso. Todo mundo deseja o melhor que a vida tem para dar, mesmo que não assuma. Ninguém tem inveja dos que vivem rastejando. Ninguém gosta de se sentir inferior.

Por isso, cresça o quanto puder e tenha muito SUCESSO.

Agradecemos, neste momento, a sua **"AMIZADE"** ... Afinal, após tantas páginas, sentimentos e energia compartilhada, a amizade já nos presenteia. Esperamos sempre agregar nobreza e prosperidade à sua vida.

10. Sugestão: sua influência em nossas atitudes e a aplicação no mundo dos negócios

A sugestão é o princípio pelo qual os nossos atos e até mesmo nosso estado de espírito influenciam outras pessoas.

Quando os vendedores sentem que chegou o momento psicológico de fechar o negócio, não fazem mais do que compreender o efeito de sua sugestão e entusiasmo, que influencia a mente do cliente e a harmoniza com a sua.

A sugestão é um dos mais sutis e poderosos princípios da psicologia. Nós a empregamos em tudo o que fazemos, dizemos e compreendemos. A diferença entre uma sugestão positiva e outra negativa, é a forma como podemos empregá-las.

Somos o que repetidamente fazemos, portanto a excelência não é um feito, mas um hábito.

Para que serve a crença, de um modo geral?

Entre outras razões, para mostrar que há em você um enorme potencial, ainda latente e muito além de sua imaginação, que quando sistematicamente acionado o permitirá controlar sua vida, seus desejos, o dará o poder da criação interna e eterna de crescimento.

Ser Feliz

De forma onírica nascemos
De forma abstrata morremos
Mas o que é nascer?
Mas o que é morrer?
Será o final ou o começo de tudo?
Ou serão absurdos imaginados, pregados ao homem pelo mundo?
A resposta está dentro de cada um, em cada movimento, em cada **SER.**
Observe a totalidade e se encontre dentro do infinito de seu maravilhoso **SER.**

Você pode ser uma enciclopédia ambulante, mas se não compartilhá-la, ela não valerá nada.

Para obter triunfo, precisamos de crenças firmes.

Pela sugestão, a mente abre suas portas para quem queira entrar. A educação, o romance, os negócios, a moral, as atitudes, cada porção da vida, enfim, constitui o sumo que a esponja mental absorve da sugestão. As pessoas de negócios fazem a diferença quando conhecem o fenômeno da sugestão. Sem tal ponto de apoio, o sucesso é duvidoso, mais difícil, quase impossível.

As mentes absorvem as ideias por seu valor aparente, mesmo quando existe uma evidência completa de que aceitar tais ideias seria ridículo ou absurdo.

Milhares de pessoas, de todas as etnias, de todas as escalas de educação e cultura, são enganadas todos os dias por suas próprias mentes em um longo processo de autossabotagem.

O primeiro fundamento da sugestão é o da aceitação sem reservas de uma ideia, sem que se deseje comprovar sua utilidade ou inutilidade. Ela é alegremente aceita apenas por seu aspecto. Milhares de ideias chegam a todo instante através de outras pessoas e dos veículos de comunicação. Inconscientemente, em primeiro plano as tratamos como sugestão.

A palavra SUGESTÃO tem sido definida como uma insinuação.

Os apelos pessoais, feitos aparentemente à razão, são realmente feitos à parte emocional do indivíduo. Podemos utilizar, sutilmente, no argumento, um apelo aos sentimentos ou à emoção da pessoa. **Exemplo:**

- Quem é você por essência?

Esta é uma resposta que você, por mais que se esforce, não consegue ceder imediatamente, pois o lado esquerdo do cérebro, lógico e racional, declina de responder, transferindo a responsabilidade para o lado direito do cérebro, responsável pela imaginação e pelo processo criativo.

Ou seja, a **"sugestão"** na pergunta o fará responder coisas positivas: eu sou agradável, gentil, honesto(a) e assim por diante. Eis o poder inconsciente da sugestão.

Ou você conhece alguém que, ao ser apresentado(a) para uma nova pessoa, diz: *Prazer, eu sou o Carlos, uma péssima pessoa, detesto fazer amizades e odeio estas conversas tolas!* Nós duvidamos que conheça alguém assim!

A vida de cada pessoa é moldada pela influência sugestiva. Aceitamos esta ou aquela sugestão e isso pode mudar toda a corrente de nossas vidas. Algumas situações influenciaram certos sentimentos, puseram em atividade os estados mentais correspondentes e a ação seguiu com o sentimento.

Existem vários graus de força sugestiva. Há pessoas que dificilmente se movem por motivos próprios, mas estão sempre prontos a agir em obediência às ideias e aos sentimentos dos outros.

O desenvolvimento do poder de vontade domina o grau de sugestibilidade.

Qualquer pessoa, por mais irresoluta que seja, pode desenvolver essa força. Nós afirmamos que a sugestão se relaciona com os estados mentais de sentimento e emoção. Muitos poderão indagar: não são as ideias mais relacionadas com o pensamento do que com o sentimento? Vamos ao assunto.

Sabemos que a palavra ideia vem do grego e significa "ver". Em seu uso geral, significa uma imagem mental ou uma noção geral tomada na mente.

As ideias não são formadas apenas pelo sentimento; estes apenas "concorrem" com sua parte para a formação dessas imagens mentais.

O povo, em sua grande maioria, é dirigido e governado mais por sentimentos nele induzidos que pelo resultado de suas próprias decisões.

Os sentimentos pertencem ao lado emocional de nosso cérebro. Eles irrompem das camadas subconscientes da mente, em resposta à causa excitante que vem de fora. Nessa parte instintiva, são armazenadas as experiências, os sentimentos, os instintos adormecidos e as emoções, nossa herança do passado à espera de uma causa favorável que ponha tudo novamente em atividade. A razão ou o juízo agem por meio da vontade, como restringente, do grau de desenvolvimento individual.

De modo geral, as pessoas fazem as coisas que são consideradas retas à luz da razão, mas o fazem porque "sentem" prazer nisso. Um apelo aos sentimentos e emoções de uma pessoa produz melhores resultados do que se dirigido somente à sua razão. É, ainda a mola que faz mover a "massa", que provoca as ações da multidão.

E você, prezado leitor(a), o que o move? A razão ou a emoção? Pense um pouco sobre essas questões e terá a chave da influência sugestiva. Considere agora as várias formas de aplicação da sugestão. Para maior facilidade vamos dividi-las em três formas:

- Sugestão involuntária;
- Sugestão voluntária;
- Autossugestão.

Sugestão involuntária

Por sugestão involuntária compreendemos o uso da sugestão inconsciente, sem propósito particular. A todo momento damos sugestões por palavras, maneiras, ações geralmente aceitas por aqueles que nos cercam.

Agimos com animação para uns, com desânimo para outros, conforme as circunstâncias.

Uma loja, por exemplo, está totalmente influenciada pela personalidade de seu gerente, assim como suas características pessoais imprimem-se em seus subordinados por meio da sugestão. As principais virtudes, bem como os principais defeitos da liderança, estarão presentes na rotina, no atendimento aos clientes e, em muitos casos, até na personalidade dos liderados. Afetamos os que nos rodeiam e, se assim permitirmos, também seremos afetados por eles.

Devemos inspirar somente o caráter que desejarmos imprimir ao mundo.

O mundo nos dá as oportunidades conforme o que sugerimos à nossa mente. Algumas vezes conseguimos um julgamento melhor que o que realmente é merecido, outras, um pior. De qualquer forma, e em qualquer emergência, nossas atitudes mentais serão refletidas pelas nossas sugestões involuntárias ou inconscientes e causarão impressão, boa ou má, a nosso respeito.

Daí a necessidade de observamos uma atitude exterior correta, termos a cabeça erguida, o olhar firme e o andar positivo, pois assim seremos vistos.

Sugestão voluntária

Esta forma de sugestão manifesta-se nos casos em que a sugestão se faz deliberada e propositalmente, com o objetivo de impressionar outras pessoas ou impor uma situação de forma mais incisiva.

Autossugestão

Por este termo, entende-se a sugestão ou sugestões que uma pessoa dá à sua própria mente. Seus princípios são precisamente os mesmos que em outras formas de sugestão, com a diferença da autoaplicação.

Sobre o uso da sugestão nas relações comerciais, é fato comprovado que se influirmos nos sentimentos de outra pessoa, podemos persuadi-la que ela pense conosco, ainda que essa pessoa não concorde plenamente com o que defendemos.

Podemos fazer com que uma pessoa "sinta" conosco, respeitosamente, bastando para isso que nosso propósito seja nobre e que tenhamos êxito em lhe tocar o coração, pois a razão é fria nas tomadas de decisão.

Nas corporações, no comércio de rua, no varejo profissional, nas mídias e em qualquer outra forma de atrair o interesse público, o processo é o mesmo: ganhar inicialmente a atenção da pessoa. Uma vez conquistada a atenção, a mente torna-se mais ou menos receptiva, o interesse desperta e um grau de receptividade maior se manifesta. Esse interesse é, gradualmente, elevado ao desejo pela sugestão sutil das palavras e (se o interesse é vender) pela exibição daquilo que se pretende.

Em resumo, eis os pontos de observância na prática: atenção, interesse, desejo e aquisição.

É um fato psicológico muito conhecido, que quando duas pessoas estão conversando, aquela que estiver em pé ou sentada em plano superior ao da outra, estará com a vantagem de uma atitude positiva. A pessoa sentada mais abaixo da que fala, estará dentro de uma condição ou posição relativamente passiva.

A elevada plataforma de palco, pregação, professorado e política (palanque) não são coincidentes.

A posição elevada dos vendedores nas lojas comerciais e as cadeiras baixas comodamente colocadas para os clientes também têm boas razões.

Dessa maneira, quando percebemos que alguém nos coloca em condições negativas ou passivas, devemos nos levantar imediatamente. Logo nos sentiremos cheios de força e com boa disposição para argumentar.

Essa é uma advertência que muitas vezes evita sérias dificuldades. São necessárias muita atenção e cautela nas suas atitudes.

A psicologia moderna descobriu que sugestões futuras podem ser feitas no estado *receptivo ordinário*. Quantas vezes a noiva ouve, por exemplo: "Daqui a algum tempo você estará cansada dele". Ou a um homem: "O emprego que você arranjou não vale nada..." ou "a coisa não é como você pensa; daqui a pouco, você perderá todo o entusiasmo e o interesse...".

E assim por diante.

Aí estão, prezados leitores, os princípios da sugestão, em todas as suas modalidades e da maneira mais simples. Lembre-se:

Os vencedores agem caminhando pela vida, por sua vontade altamente desenvolvida e também pelos conhecimentos adquiridos, graças aos quais poderá transpor, com maior facilidade, os obstáculos capazes de impedir a sua marcha para o triunfo.

Todos os fenômenos da sugestão podem ser colocados dentro de quatro linhas gerais ou vias de ação:

- Obediência.
- Imitação.
- Associação.
- Repetição.

Sugestão pela obediência

Esta sugestão consiste na exposição positiva, na apropriação, na atitude autoritária sobre a pessoa, tornando-a incapaz de oferecer oposição ou desistência. É muito comum observar este formato no campo político.

A mais comum das forças desta primeira forma de sugestão pode ser observada pelo consentimento geral a uma autoridade "real" ou "fictícia".

É realmente espantoso ver a obediência de muitos a essa forma de sugestão, inconscientemente convencidos por discursos astutos. Estes astutos "estrategistas" usam de uma linguagem singular e opiniões em tom de certeza absoluta, que as multidões acolhem e aceitam sem hesitações. Afinal, é mais fácil obedecer do que recusar. É mais cômodo dizer "sim" do que "não".

Acreditamos que haja uma lei fundamental sob essa fase da ação sugestiva: nos tempos primitivos houve, entre animais e homens, chefes que dominaram pela força e pelo poder da vontade. Esses guias naturais foram obedecidos pelas massas, que aprenderam, por experiência, que era melhor para todos serem governados pelos seus membros mais perspicazes e mais fortes. Gradualmente, essa dominante de aquiescência e obediência à autoridade se desenvolveu e se firmou. Essas ideias se implantaram com tanta firmeza na mente dos homens que, até hoje, só os indivíduos dotados de vontade poderosa se libertam delas.

Por todos os lados vemos "autoridades": nas leis, nas letras, na política, e em praticamente todos os setores da atividade humana.

O ideal seria o povo se perguntar: "Qual a minha opinião a respeito desse assunto?", mas existe uma natural tendência a perguntar: "O que o chefe ou a maioria pensa a respeito disso?"

Sugestão pela imitação

Eis a forma de sugestão mais comum, talvez a mais comum de todas:

O homem é, essencialmente, um animal imitador. Copia sempre as ações, as maneiras e as ideias alheias. Atribui-se essa tendência ao seguinte: nos tempos primitivos, em que homens e animais viviam em estado selvagem, um impulso de susto de um membro era, facilmente, transmitido aos outros, desenvolvendo-se assim o ato instintivo.

Podemos ver exemplos disso a todo o momento, ao assistirmos a um espetáculo, ao vivo ou televisivo, quando nossa face reproduz instintivamente as expressões faciais dos atores. Assim também acontece aos que estão em torno de nós, em todos se acha sempre a mesma tendência para a imitação.

Observe quando as pessoas bocejam, aplaudem, choram ou gargalham. O efeito é de imitação inconsciente em massa.

Expressamos aqui o nosso desejo de que não se deixem impressionar pela onda da moda, por novos estilos ou pensamentos fúteis.

Sugestão pela associação

Eis outra forma de sugestão também bastante comum. Baseia-se sobre as impressões adquiridas quando certas palavras, ações, maneiras, tons, aparências etc., se associam a certos estados mentais experimentados anteriormente.

Uma pessoa pode expressar sentimento, falso ou verdadeiro, por certas ações ou em certos termos. Essas ações e palavras, tomando símbolos do estado mental que se reflete nelas, produzem, sobre a mente da pessoa que as vê ou ouve, a imagem mental similar ou correspondente.

Tomemos, por exemplo, a palavra amor e suponhamos que ela seja sugerida a um determinado número de pessoas, ao mesmo tempo e da mesma maneira. Observaremos que, em uma pessoa, o sentimento associado será o amor dos pais; em outra, o amor dos filhos; em outra, o amor entre marido e esposa; em outra, ainda, o amor de Deus; e assim por diante, cada qual experimentando uma sensação ocasionada pela associação da palavra com algum sentimento.

O mesmo se dá com a sugestão de aparência, "boas maneiras" e comportamentos. Cada uma destas questões sociais depende da força e do efeito sobre alguma associação com o sentimento interno. Daí a necessidade de não nos deixarmos enganar por pessoas que manipulam a aparência, as maneiras e as ações.

Sugestão pela repetição

O estudo das suas manifestações é muito interessante, porque põe em operação um princípio psicológico demais conhecido: "água mole em pedra dura, tanto bate até que fura".

O segredo desta forma de sugestão assenta-se nos fatos psicológicos de enfraquecer resistências pela repetição "do ataque".

Na primeira sugestão, a mente apresenta uma resistência ativa; na segunda, já não sendo tão estranha, a resistência é menor; e assim por diante, até que finalmente cessa a resistência. A sugestão é aceita. Alguém disse certa vez: "O vício é um monstro horrível, mas visto muitas vezes, antes o sofremos, depois o lastimamos e por fim o abraçamos".

Esta regra explica as sugestões. Primeiro, resistimos. Depois, toleramos e, em seguida, aceitamos. Isso, entretanto, só acontece quando não compreendemos essa lei e a nossa resistência é baixa.

Se fizermos um balanço em nossa mente, veremos que nela existe um grande número de sentimentos, ideias e opiniões que possuímos simplesmente por efeito da lei da "Sugestão pela Repetição". Você duvida? Responda as perguntas abaixo:

- Neste momento, qual é a nova música "da moda" que o irrita ao extremo?
- Diga em voz alta o *slogan* da propaganda que marcou a sua infância.
- Diga o nome de um(a) animador(a) de TV que é sucesso nacional, goste você dele(a) ou não...

Percebe? A sugestão pela repetição o fez responder estas perguntas imediatamente!

Astutos modeladores da opinião pública repetem uma coisa muitas vezes, com diferentes palavras e estilos, até que o povo a aceita como fato provado, inquestionavelmente.

A boa notícia é que algo falso, mesmo repetido inúmeras vezes, será falso sempre!

Faça você a diferença, pois pessoas de consciência ingênua e sem atitude não formarão nações ricas e prósperas.

Quantas vezes você teve alguma ideia que resolveria brilhantemente uma situação e calou-se?

Nesta ocasião, você passou apenas a reclamar pelos corredores e nunca mais abriu a boca a não ser para concordar com seus parentes, gerentes e até com estranhos?

Por que as empresas não sabem explorar corretamente as ideias que são geradas dentro dela? Por que não entenderam, ainda, que a criatividade é o seu maior capital? Por que não são ouvidas pessoas que estão hierarquicamente abaixo das "chefias" e que sabem, muitas vezes, resolver melhor determinadas situações? Ao invés disso, costumam chamar os "famosos" especialistas que nada têm a ver com o processo, e farão a lei do mínimo esforço, cobrando muito e, na maioria das vezes, resolvendo de forma temporária a situação?

Por que as famílias não aprendem com suas novas gerações, enriquecem juntas e comemoram resultados ao invés de criticarem e "matarem" por um período de tempo futuros milionários, empreendedores e visionários, simplesmente por que são diferentes dos "padrões" familiares anteriores? Como última "sugestão", observe e admire o simples! Eventualmente, não é nas classes sociais mais abastadas que residem as respostas para o sucesso, mas no olhar de um idoso, na porta que o homem abre para a mulher, no sorriso de uma criança e no caloroso abraço de um amigo.

As pessoas erram ao comprar um símbolo de status para substituir um valor, e com isso, assassinam gradativamente as suas almas, a sua saúde e a sua autoestima.

4

A perseverança como fator de resiliência e mudanças

Perseverança – O equilíbrio ao seu alcance

Os prósperos também choram e assumem as dores mudas da evolução, pois as lágrimas são colírio para a alma dos libertos.
Paulo Silveira

Alguma vez, vocês já se perguntaram: de que depende a perseverança? É uma virtude intrínseca ou uma questão de convicção? Acreditamos que é uma boa pergunta e vamos respondê-la.

A perseverança é mais do que uma virtude, é uma atitude.

Se por acaso tiverem dúvida, pensem na quantidade de vezes que quiseram algo muito especial em suas vidas e o obtiveram: uma bolsa de estudos, permissão para um baile, uma promoção, um namoro ou um presente!

Vamos refletir: quanto empenho foi necessário para conseguir isso? Temos certeza que, ao receberem a primeira resposta negativa de seus pais, amigos, chefes ou companheiro, vocês ficaram um pouco desiludidos, talvez baixaram suas guardas, mas podemos garantir que, no final, conseguiram o que queriam porque fizeram até o impossível para realizá-lo: venceram o medo, se livraram dos obstáculos e foram persistentes em seu empenho.

Agora sim, há um "gatilho" poderoso que motiva a persistência e esse "gatilho" é o foco. Estamos convencidos de que uma pessoa é persistente e obtém resultados somente quando sabe claramente o que quer, pois caso contrário, se entrega no primeiro obstáculo ou pior: dispersa sua valiosa energia em todas as direções.

Você já está preparado(a) para obter lucros no seu negócio? Já traçou suas metas e sonhos? Convidamos você a fazê-lo e a conferir os resultados.

Estamos certos de que, uma vez definido o caminho, o objetivo pessoal e o do grupo pelo qual você trabalha, nenhum obstáculo se fará forte.

É desta maneira que as pessoas de atitude pensam! E você, com certeza, é uma delas! Como sabemos disso? Ora, investimento literário é reservado a pessoas transformadoras, portanto se você chegou até aqui conosco, não nos resta dúvidas de que você faz a diferença!

Mudanças – Qual é a sua finalidade de vida?

Avaliar as inúmeras possibilidades de uma inevitável mudança pode parecer doloroso. Afinal, estamos falando de alguém que tem seus valores muito bem estabelecidos. Mudança é vida, então por que não tirar o melhor proveito de uma nova fase? É claro que você manterá sua essência, mas pode ser legal dar uma cara diferente ao personagem.

RESILIÊNCIA – A arte de aliviar a tensão e fazer o stress trabalhar a seu favor

RESILIÊNCIA vem do latim *resilio*, que significa *"voltar ao estado natural"*. Modernamente empregado, o termo deriva do inglês "*resilience*". É comumente aplicado na engenharia e significa: propriedade pela qual a energia armazenada em um corpo deformado é devolvida quando cessa a tensão causadora da deformação elástica (PODER DE RECOMPOSIÇÃO).

Emprestado, portanto, da engenharia para a psicologia, o termo serve como termômetro e ferramenta de equilíbrio constante, além de nos ensinar que perder também faz parte de nossa evolução.

Vejamos a seguir alguns dos inúmeros benefícios da resiliência:

- Resiliência gera flexibilidade;
- Resiliência desenvolve maturidade;
- Resiliência sela o desempenho aceitável;
- Resiliência oferece grandes oportunidades;
- Resiliência leva à inovação;
- Resiliência traz benefícios inesperados;
- Resiliência traz automotivação, equilíbrio e prosperidade plena.

A resiliência traz TRIUNFO E GLÓRIA. Leia o texto a seguir e aprenda como beneficiar-se e usá-la nas suas mais diversas faces.

Resiliência - O seu poder da recomposição

A riqueza do ser humano se mede pelas coisas que ele é capaz de deixar para buscar seus propósitos e continuar evoluindo.

O primeiro fator constante em uma pessoa próspera é o propósito. Uma pessoa precisa saber que, seja lá o que faça, ela está se movimentando adiante, evoluindo em direção a um fantástico objetivo.

Fazendo as coisas certas, seu sucesso será absoluto e constante. Para ser verdadeiro, precisa ter um sonho constante como propósito. De outra forma, embora se possa vegetar com sucesso, não se pode viver sem ele e a autodestruição é inevitável.

Conhecemos várias pessoas que se "venderam" passando por seus valores e princípios para "crescer". Chegamos à conclusão de que elas receberam mais do que valiam e, consequentemente, se autodestruíram ou ficaram com grandes sequelas pessoais e profissionais eternas.

Suas principais alegações são o mercado e a pressão. Esperamos que este não seja o seu caso.

Temos certeza de que todos nós nascemos para brilhar, como diamantes brutos... E a forma que lapidaremos nossas vidas definirá quantos quilates valeremos com nosso brilho próprio e a luz de sucesso que refletimos, primeiramente, para nós mesmos, alimentando a nossa autoestima e, depois, aos outros, transparecendo prosperidade constante e conjunta. Receba a pressão da vida com agradecimento, pois os diamantes mais puros e raros um dia foram uma pedra de carvão vivendo sob pressão.

Os diamantes nascem sob pressão

Enfim, a vida poderá nos lapidar sempre, depende de nós investirmos para que isso aconteça. Se você não quiser investir muito, talvez as derrotas não o machuquem. E se tiver vitória, talvez não chegue a ser excitante. A vida é uma imensa joalheria, esperamos que seu brilho seja eterno, pois a maior riqueza que temos é a liberdade de escolha e a pressão que escolhermos nos transformará em uma joia única para o Universo.

Resiliência é uma opção... Escolha a pressão que definirá seu valor!

Uma das maiores necessidades da mente humana é o alívio da tensão, o descanso confortador, a recuperação das energias gastas na luta diária. A tensão é o maior fator de desgaste na vida moderna e, em certas profissões, ela se aprofunda mais e mais, principalmente para as pessoas que se dedicam aos negócios de um modo geral, seja na fábrica, no escritório ou na rua.

Nosso sistema nervoso sofre constantemente o peso dessa quantidade de incentivos que não consegue assimilar – trânsito, filas para tudo, estresse, violência, etc. Tudo isso contribui para manter os nervos aguçados, levados e empurrados ao limite máximo, sem que tenham um só instante de tempo para se recompor.

Soma-se a esta insalubridade ainda o desgaste dos nervos produzido pela mania da velocidade, da pressa. Passamos de uma atividade a outra em louca correria, como se a eficiência dependesse da pressa. As companhias de seguros destacam o fato de que as enfermidades do coração encabeçam a estatística de apólices pagas por morte. A tensão, a preocupação e o dinamismo da vida moderna exigem um coração forte. A grande enfermidade dos dias atuais e, principalmente, dos homens e mulheres de negócios, decorre da hiperatividade do sistema nervoso.

O ser humano só terá mais possibilidades se aumentar a sua eficiência, o que vai conseguir apenas pelo alívio da tensão. Esse é o assunto que trataremos aqui.

O alívio da tensão, o relaxamento, a lassidão ou o *relax*, segundo um conceito geral, é uma condição mental que deve ser criada sempre que o trabalho diário esteja terminado.

O grande problema, entretanto, consiste no estado mental da pessoa que se encontra em pleno trabalho, no escritório, na oficina ou na fábrica. É necessário que os nervos tensos sejam aliviados também durante a atividade diária e não apenas nas horas de descanso, depois do trabalho.

Outra interpretação pouco comum acerca do descanso, do *relax*, consiste na estreita relação existente, ou estabelecida entre descanso e ociosidade, com a interrupção total das atividades, como as férias no campo ou na praia.

É como se fosse uma terapia 8 ou 80. Tirar profissionais acelerados ao máximo e fazê-los "observar paisagens" durante 30 dias pode não ser muito assertivo.

Ao reassumir suas tarefas, entregam-se novamente à tensão que, em poucos dias, anula toda a energia positiva e acumulada no período em que passaram fora.

Tal descanso consistiu, apenas, numa simples escapatória temporária dos problemas latentes, que continuam no mesmo pé. O verdadeiro descanso consiste na harmonia plena; não consiste em descansar das obrigações, mas em encontrar descanso nessas mesmas obrigações. O descanso que supomos alcançar com as férias é apenas uma solução adicional. O que precisamos é aprender a produzir períodos de relaxamento neural durante as horas de trabalho. Assim, aliviamos o cérebro do consumo de energias.

Cada pessoa possui certo ritmo de ação, durante o qual experimentará altos e baixos em suas energias. Uma pessoa pode alcançar o máximo de seu rendimento nas primeiras horas da manhã, no fim da tarde, ou pode ser ainda que a fonte de energia, ascendendo gradativamente, alcance sua marca maior ao anoitecer.

Assim, toda pessoa deve moldar suas atividades ao seu próprio ritmo de ação. Um trabalho pesado feito pela manhã pode cansar demasiadamente uma pessoa, forçando-lhe o sistema nervoso, porém, não perturbará absolutamente uma outra; assim, todas as obrigações do dia deveriam ser avaliadas e distribuídas de acordo com o momento em que se pode tirar maior proveito das energias **(individualmente, pois o ser humano é único por essência).** Tal comportamento ou programa evita o cansaço, resultado de um desgaste inútil de forças.

Concluímos que se deve utilizar o momento propício para efetuar uma tarefa, para melhor descanso ou relaxamento dos nervos.

Logicamente, muitas dificuldades se apresentarão quando pretendermos distribuir as atividades de acordo com o que foi exposto, pois estamos sujeitos às eventualidades do escritório, às políticas da empresa, da oficina, ao horário marcado pelo cliente, etc.

Não obstante, você ganhará terreno preparando-se para cumprir tal programa forçado de trabalho, predispondo sua mente para ele durante as primeiras horas do dia, ou mesmo modificando seu ritmo cotidiano a fim de ajustar-se ao seu trabalho, deixando as tarefas mais difíceis para o horário em que sua energia esteja no auge.

Outro excelente sistema para o relaxamento dos nervos consiste em empregar o mínimo de tensão muscular necessária para o trabalho, obtendo deste modo o *relax* completo de todos os outros músculos. De modo geral, uma pessoa pode estar preparada para realizar a tarefa que se apresenta no momento oportuno e, no entanto, empregar nela muitos músculos. Ao dirigir um automóvel, levamos ao extremo nossa tensão muscular, ao lavar pratos, utilizamos vários conjuntos musculares, assim como as pessoas de negócios tencionam seus músculos ao extremo. Enfim, cumprimos nossos afazeres diários com músculos tensos e rígidos. É como se o gozo da vida dependesse do grau de tensão muscular que podemos exibir ou desenvolver.

Nas diversas atividades físicas que adotamos durante a jornada diária ativa, criamos tensões musculares desnecessárias. Gastamos energias demasiadamente e, por consequência, chegamos à fadiga que, por sua vez, traz a tensão nervosa.

Se esse gasto de energia, aliás desnecessário, fosse feito sem maior esforço e com mais assertividade, não sentiríamos as consequências com tanta intensidade. Acontece, entretanto, que geralmente o esforço é enorme porque a pessoa já está em estado de completa tensão. Este é o resultado da maneira de viver sob grande pressão. A partir daí, não raro surgem as doenças oportunistas...

No entanto, qualquer pessoa pode relaxar-se dirigindo sua atenção principal sobre os seus músculos ou sobre as suas sensações. O motorista pode obter o relaxamento dos músculos concentrando sua atenção no sentido de abrandar os músculos sempre tensos do peito; a digitadora pode alcançar o descanso dirigindo sua atenção para um afrouxamento dos músculos da perna; pessoas de negócios podem dirigir a atenção para o relaxamento progressivo da sua mente e assim por diante.

O relaxamento de qualquer grupo muscular requer exercícios bem orientados e cuidadosos. Relaxar-se progressivamente, eis o que deve ser feito, nunca, entretanto, prestando demasiada atenção aos seus músculos que estão sendo submetidos a tal exercício.

O relaxamento não dará resultados, a menos que seja praticado no mínimo uma vez por dia, por uma hora.

A atividade eficiente e vigorosa é resultante da economia de energias. Logicamente, um maior rendimento e uma melhor qualidade de trabalho se conseguem quando são liberadas suavemente tais energias.

Outro ponto muitíssimo importante é o que se refere ao controle das emoções. Toda emoção consiste num estado físico de desconexão, tanto interno como externo. O medo, em sua fase máxima, chega quase a paralisar e algumas vezes paralisa mesmo o corpo; a preocupação e a inquietação produzem tensão em todo o organismo; o espanto oprime o plexo solar; a raiva; o ódio produz uma contração viciada dos ombros, braços, boca, mandíbulas etc. Toda emoção afeta enormemente a distribuição da energia, dissipando-a e gastando-a.

Uma emoção exige muita energia para iniciar-se e manter-se.

Passar constantemente de uma forte emoção a outra, é submeter o corpo a uma tensão extremamente aguda, produzindo-lhe, ao mesmo tempo, enorme desgaste energético. Não é o fluir normal e tranquilo dessa energia que desorganiza o corpo inteiro, mas sua saída tumultuada. Assim, a eficiência paga enorme tributo pelas inúmeras perturbações emocionais de um dia de trabalho.

O organismo, debilitado pela tensão produzida por certas emoções como o ódio, a inveja, a cólera etc., é facilmente acessível a outras emoções como a irritação e a preocupação. Num organismo minado por emoções, qualquer leve apreensão pode converter-se em uma montanha de medo, com todas as suas consequências.

Portanto, é necessário evitar as emoções fortes, único meio ou um dos mais eficazes para se alcançar o relaxamento, já que o objetivo é eliminar grande parte da tensão originada pela dureza da vida moderna e conseguir, assim, conservar a eficiência e o equilíbrio.

Outra forma de obter o relaxamento dos nervos e dos músculos, para armazenar energias, é interromper completamente as atividades do dia durante curtos períodos. Tais intervalos proporcionarão o descanso necessário e desviarão a fadiga, criando uma reserva de energia. Deixar, pois, toda classe de atividades, algumas vezes por dia, equivale ao armazenamento de energias. Tais períodos de descanso podem ser de apenas alguns parcos minutos.

De modo geral, as pessoas acreditam que "na correria" ou sob tensão, realizam grandes obras, vivendo intensamente. No entanto, tal excitação é apenas o reflexo de nervos cansados. Donas de casa, mães laboriosas, diretores de empresas comerciais, todos deveriam aprender a proporcionar a si mesmos curtos períodos de relaxamento durante o dia, se pretendem manter contínua a eficiência do organismo humano.

Criado esse hábito, não precisarão afastar-se do trabalho para procurar alívio para seus nervos. A energia nervosa não deve ser lançada continuamente durante oito, dez ou doze horas. A corrente nervosa tem seus altos e baixos, funcionando com certo ritmo; o organismo inteiro tem seus períodos de elevação e queda de energia, mas violamos essa lei natural. Daí, a fadiga crônica, o sistema nervoso completamente arruinado.

No entanto, bastariam breves períodos de descanso diário para que as coisas se ajustassem. A dificuldade é que as pessoas, mesmo ao interromper as suas atividades diárias por alguns instantes, conforme nosso conselho, conservam tensas as suas atividades musculares e mentais. Exteriormente, aparentam tranquilidade, mas suas mentes continuam sob a tensão dos problemas. Mesmo quando conseguem abandonar essa tensão mental, conservam a tensão físico-muscular.

Para alcançar o repouso total, é preciso que executemos certos exercícios disciplinadores. Em primeiro lugar, o esforço deve ser dirigido no sentido de excluir toda ideia de trabalho e de dificuldade, deixando a mente voltada para as ideias de tranquilidade e repouso.

Um pensamento tranquilo e harmonioso. Todas as diversas prescrições para o repouso – seja ouvir o *tic-tac* do relógio, contar carneiros, seja pensar sobre a velocidade da respiração, sobre pinturas ou desenhos ou o sibilar do vento – são indicadas como situações para produzir um ritmo sereno, condição necessária para a realização. A própria imaginação, voltada sobre as palavras descanso, proporciona o descanso reparador. Tais pensamentos, entretanto, devem ser mantidos sem qualquer choque contrário, sem discussões, ou seja, por sugestão.

Convém salientar o seguinte: os músculos requerem, por sua

vez, uma atenção igualmente especial. Muitas vezes, a tentativa de se conseguir um relaxamento mental se vê frustrada porque os músculos estão tensos. Um relaxamento progressivo deve, neste caso, ser praticado sobre todos os músculos do corpo. Repouso dos músculos e pensamentos reparadores: eis a solução única para o relaxamento total do corpo e para se poupar energias. Um relaxamento é sempre uma obra conjunta da mente e do corpo.

O sorriso é outro meio de relaxamento. Naturalmente, não nos referimos ao sorriso artificial, que assumimos convencionalmente, mas ao sorriso franco, alegre e despreocupado. O sorriso é um tônico eficaz, proporcionando uma sensação de bem-estar e, sobretudo, uma lassidão, um descanso dos nervos. Naturalmente, os melhores resultados são obtidos pela suscetibilidade espontânea do sorrir. Feliz é a pessoa cujo sorriso brota facilmente.

Não é absolutamente necessário que o sorriso se manifeste nos lábios, porém se o estado mental da pessoa é propício a um sorriso fácil, tal pessoa está em ótimas condições para praticar o relaxamento. O sorriso impede a fadiga do sistema nervoso, mantendo a mente livre de tensão. O bom humor está ao alcance de todos e basta que uma pessoa se habitue a sorrir para livrar-se da tensão mental quase que completamente. O sono é um dos meios empregados pela natureza para a recuperação da energia física. Dormir pouco impede a recuperação dessas energias. Tal problema, entretanto, pode ser solucionado da mesma forma que os outros.

A maior parte das pessoas que dorme perfeitamente o faz mais por hábito. Porém, outra parcela de pessoas que não sabe como fazer para dormir, encontra a solução por meio do estudo da dificuldade propriamente dita, eliminando, assim, a causa.

Os insones, durante o dia, lamentam-se falando aos demais sobre o pouco que dormiram na noite anterior. A tais pessoas, torna-se necessário esclarecer que quem não consegue relaxar durante o dia, também não o consegue durante a noite.

Ninguém que viva em tensão permanente, durante o dia, seria capaz de conseguir um profundo sono nas horas noturnas. O organismo humano não é algo que possa ser forçado durante o dia e apresentar, à noite, um estado diametralmente oposto, como se dispusesse um "controle remoto ao gestor". O mar agitado necessita de muito tempo para se acalmar. Assim, é fácil compreender que a atividade ininterrupta e tensa do dia se prolongará pela noite adentro. As pessoas de negócios devem aprender a descansar durante suas atividades cotidianas, a fim de poder descansar depois delas.

Outras pessoas dizem que, ainda que consigam dormir, são tão perturbadas pelos sonhos que o resultado no dia seguinte é exatamente como se não tivessem dormido. Novamente, encontramos o mesmo problema: tudo o que uma pessoa sonha é o reflexo de suas atividades anteriores, é unicamente a continuação da atividade mental do dia.

Um sono reparador só pode ser conseguido quando a pessoa começa por uma revisão da própria forma de vida, a fim de assegurar, à noite, um estado mental controlado e uniformemente equilibrado. O descanso noturno deve ser preparado quando se está desperto e não como uma "atividade isolada".

Naturalmente, a incapacidade de dormir emana de uma causa mental ou fisiológica. Tratando-se desta última, nada podemos fazer senão aconselhar à pessoa que procure um médico, sem demora.

Quanto à causa mental que impede o sono, pode ser uma sugestão pouco assertiva, alimentada pela inquietação. Infelizmente, as dificuldades e preocupações nunca permanecem encerradas no escritório, ao serem encerradas as tarefas do dia, mas são levadas para o leito. Não obstante, mesmo quando a pessoa se encontra livre de preocupações, ela cria um estado mental tenso, talvez até projetando o dia que virá, ante o temor de não poder dormir. De forma cíclica, a própria pessoa se faz refém de seus comportamentos.

Tal sugestão começa durante o dia: "acho que não vou conseguir dormir esta noite; sempre tenho dificuldade para conciliar o sono" etc., tamanha é a ideia permanente dos que sofrem de insônia. Muitos ainda encontram, na necessidade de falar aos outros sobre sua insônia, um meio para chamar a atenção sobre si.

A sugestão de que não conseguirá dormir vem ao indivíduo quase sempre quando este se prepara para descansar. Seu primeiro estado é a ideia de que não conseguirá dormir. Tal sentimento traz pensamentos agitados que, por sua vez, produzem condições propícias para afugentar o sono. "Preciso dormir e, no entanto, estou acordado(a), gastando pouco a pouco a energia, quando devia recuperá-la" – é este o pensamento dominador. Na sequência, inconscientemente a respiração se torna tensa e curta. Pronto: todos os elementos para uma noite de insônia estão, infelizmente, à disposição da pessoa.

Sabemos que a condição essencial para se alcançar o sono consiste na interrupção total da atividade física, especialmente a dos músculos exteriores. Quanto mais livres de tensão se acharem os músculos, tanto mais próximo se encontra do sono. Uma cuidadosa observação vem colaborar com tal conceito: é a tranquilidade do corpo que nos conduz ao sono, enquanto que a mobilidade nos desperta. Logicamente, não nos referimos aos movimentos automáticos, tais como as batidas do coração, aos processos metabólicos, secreções glandulares etc., que jamais cessam durante o sono. Os músculos, entretanto, devem estar em repouso, embora seja impossível que percam totalmente sua tensão, pois mudamos de posição durante o sono, muitas e muitas vezes.

Concluímos, portanto, que a mobilidade dos músculos parece formar parte do sono. Entre tais movimentos periódicos, contudo, deve haver um estado de relaxamento muito pronunciado.

A ansiedade de não se chegar ao sono mantém o corpo em um estado de excessivo alerta e os músculos externos adquirem uma tensão muito elevada. A ansiedade ou o temor são emoções que exigem muito movimento. A finalidade essencial de uma emoção é produzir a mobilidade externa do corpo. Não existe emoção que não movimente enormemente o corpo.

Uma pessoa pode alcançar o descanso restaurador mesmo apenas recostada, ainda que permaneça desperta, desde que consiga retirar de sua mente os fatores de perturbação.

É a emoção produzida pela ansiedade ou pelo temor que, com a insônia, prejudica e arruína a saúde.

O que geralmente chamamos, ou melhor, queremos significar como insônia, é o estado mental provocado pela ansiedade.

O remédio para a insônia produzido por um estado emocional perturbador consiste, logicamente, em extinguir tal perturbação, o que só se consegue substituindo a sugestão má por uma sugestão sã.

A ideia de que não conseguiremos dormir à noite é apenas a continuação da má sugestão começada durante o dia. A pessoa, prisioneira desta sugestão, não investiga, nem discute, mas aceita tal sugestão como se apresenta, ignorando que com ela vem a emoção de ansiedade que conduz a um estado mental insone.

Assim sendo, uma pessoa, ao manter-se desperta, deve pensar e sentir que, embora não se ache realmente dormindo, vai descansar e recuperar suas forças de acordo com a lei da natureza.

Não se preocupar se há de dormir ou não dormir consiste na melhor maneira de atrair o sono, através da indiferença voluntária.

É necessário algum tempo para se reeducar a mente a fim de que ela domine esse estado de indiferença. Podemos, no entanto, adotar alguns meios para provocar o sono. O primeiro passo é assegurar-se de que o sistema muscular relaxe; cada um dos grupos musculares principais deve ser tratado separadamente, anulando sua tensão. A cabeça deve ser a última a receber tal atenção.

Psicólogos, cientistas, médicos e fisioterapeutas renomados chegaram à conclusão de que pessoas sob tensão suportam maiores dificuldades ao redor da boca e dos olhos. Seus músculos tensos são como relógios despertadores. Relaxar os músculos dos olhos e da boca equivale, portanto, a entregar-se ao sono. Um banho morno, um prato de sopa, uma boa caminhada também favorece o relaxamento geral.

Deve-se, ainda, adotar a atitude de "não se preocupar". Um estado mental sereno e a ausência de tensões físicas solucionam o problema da insônia, evitando, assim, transtornos de ordem física.

Os empreendedores e os líderes, bem como as pessoas de negócios, devem anotar tais sugestões para maior sucesso nos seus contatos diários, pois precisam apresentar-se ao cliente, seja ele interno ou externo, em perfeitas condições físicas e mentais, transparecendo equilíbrio. A seguir, preparamos um eficaz teste para que descubra como anda a sua proatividade. Como criadores do teste, podemos lhe afirmar que a sinceridade nas respostas lhe garantirá um resultado muito melhor.

Escala de atitude proativa

Nós simulamos dez afirmações proativas entre as pessoas e gostaríamos que respondesse com muita sinceridade, sem pensar "em certo ou errado", sendo, portanto, apenas você e a representação de seus comportamentos hoje, refletidos nas respostas.

Baseado em uma escala de 1 (discordo radicalmente) até 10 (concordo plenamente), responda as afirmações abaixo. Quanto mais pontos você fizer, mais proativo você é.

Afirmações	1	2	3	4	5	6	7	8	9	10
Procuro constantemente novas maneiras de melhorar minha vida e das pessoas ao meu redor.										
Onde quer que eu tenha estado, fui uma força poderosa para a mudança construtiva.										
Nada é mais excitante do que ver minhas ideias se transformarem em realidade.										
Quando vejo alguma coisa que me desagrada, eu a corrijo sem esperar que me ordenem.										
Quaisquer que sejam as probabilidades, se acredito em alguma coisa eu a faço acontecer, sem jamais desistir.										
Adoro defender as minhas ideias, mesmo com a oposição dos outros.										
Eu vejo oportunidades que o grupo ainda não viu e imediatamente proponho a implantação da ideia.										
Estou sempre procurando novas e melhores maneiras de se fazer as coisas.										

Quando acredito em alguma ideia, nenhum obstáculo me impede de concretizá-la.										
Ao me dedicar a uma tarefa ou projeto, eu entrego sempre muito mais do que as pessoas esperam de mim, independente da remuneração combinada.										

Sejam quais tenham sido as suas respostas, a nossa proposta é que você as responda periodicamente e quanto mais as escalas crescerem, mais você se aproximará do perfil 100% proativo nas **ATITUDES**, fundamentais na busca do sucesso e da felicidade.

Agora que testou e tem consciência de seus poderes proativos, queremos complementar esta linha de raciocínio, lhe oferecendo regras que serão imprescindíveis para o crescimento, pois a maior parte dos seres humanos desiste de seus projetos por falta de resiliência.

As 12 regras de ouro para manter a sua resiliência:

1 – Flexibilidade: a adversidade lhe exigirá que seja flexível, pois, não existindo conflito ou barreiras de espécie alguma, a mente não necessita sonhar e a excelência torna-se dispensável.

2 – Excelência: além de ter e sustentar os mais altos padrões de excelência, lide bem com o fato de que um dia alguém há de superá-lo, pois a nossa evolução depende de que a próxima geração nos supere; só assim aprenderemos duas vezes.

3 – Autenticidade: esta qualidade, aliada ao otimismo, o permitirá defender os valores que considera importantes no trabalho e na vida pessoal. Lembre-se ainda de que os seus olhos transparecem até mesmo o que você não deseja demonstrar, pois são as janelas da alma.

4 – Ousadia: tenha a coragem de correr os riscos necessários e saiba que do erro muitas vezes surgem grandes empreendimentos. Normalmente, quem erra mais, tem maiores possibilidades de acerto e maiores doses de coragem correndo pelas veias.

5 – Evolução: tenha a certeza de que está progredindo com as mudanças, pois elas são a nossa garantia evolutiva. Só não muda quem já morreu.

6 – Qualidade de vida: cuide de si, mantenha-se saudável, cheio(a) de vida e energia. Sua saúde é a coisa mais importante. Dinheiro sem saúde é fracasso e a queda dela derruba automaticamente sua resiliência.

7 – Desafios: por mais difíceis e complexos que possam parecer, assuma desafios. Não desista se for vítima de algum "roubo de ideias", é melhor você ser quem pensa e realiza do que quem **apenas** leva o crédito – o mundo em algum momento aplaudirá os criadores.

8 – Prosperidade: observe que muitos têm dinheiro, mas a prosperidade é para poucos. Sempre que pensar em prosperidade, saiba que ela engloba também: virtudes, caráter, cultura, costumes, etc.

9 – Criatividade: usemos a inovação para novas descobertas, pois quando achamos que sabemos todas as respostas, vem a vida e muda todas as perguntas. Muitas pessoas são vitimadas pelo insucesso, porque fatalmente deixaram de criar e quem assim o faz, perde a resiliência.

10 – Solução: a partir da redução da ansiedade, pense e solucione os problemas mais supostamente embaraçados. Quando você não conseguir fazê-lo, solicite ideias de outros cérebros pensantes e verá o quanto é gostoso pensar conjuntamente.

11 – Aprendizado: o ser humano é dotado de uma inesgotável ânsia por saber. Portanto, ouça seus instintos naturais, aprenda, cresça e se aperfeiçoe de todas as formas. Saiba que qualquer pessoa é capaz de ensinar a você algo novo, desde que a respeite como ser único.

12 – Realização: você acaba de se deparar com doze regras de ouro para manter a resiliência firme o bastante para realizar os seus mais nobres sonhos, pois ninguém poderá fazer isso por você. Existem as pessoas que desistem e as pessoas que persistem. Você chegou até aqui conosco, portanto, não precisamos nem dizer qual destes dois perfis se encaixa a você! Para recapitular as doze regras que manterão a sua resiliência: sejamos flexíveis, excelentes, autênticos, ousados, evoluídos, saudáveis, desafiadores, prósperos, criativos, solucionadores, aprendizes e realizadores.

O sonho é **TAMBÉM** uma questão de meta e trabalho inteligente, regada a muita ação. A meta é **TAMBÉM** uma questão de conseguirmos o que desejamos. Assim, quando nosso sonho se torna realidade, a nossa percepção muda, então entendemos que não há metas verdadeiras sem realidades verdadeiras, o que nos torna construtores de sonhos.

A pirâmide de Maslow aplicada à atitude

Cremos ser importante iniciar debatendo a teoria de Maslow, que causou uma mudança de paradigma, revolucionou a psicologia organizacional e influenciou os teóricos e especialistas do marketing moderno, como Kotler (1998); Churchill & Peter (2000); Sandhusen (1998); e Semenik & Bamossy (1995). Todos eles consideram fundamental o estudo dessa teoria, pois ela se refere a aspectos psicológicos determinantes do comportamento de compra.

Por volta do Século XX, Abraham Harold Maslow, um dos pais da Psicologia Humanista, fez publicar seu ponto de vista sobre as necessidades do ser humano. Segundo ele, "há uma hierarquia de necessidades que podem ser dispostas numa escala de prioridades".

Maslow afirma que "o comportamento é determinado pelas necessidades humanas". A motivação, portanto, é o resultado de alguns estímulos que, agindo sobre os sentidos de uma pessoa, fazem com que ela tome uma decisão que, no nível físico, se transforma em ação, no nível emocional em sentimento e, no nível mental, em pensamento. Quando a necessidade não é satisfeita, ocorre uma frustração que determinará algum tipo de comportamento: insônia, estresse, agressividade, disfunções orgânicas, depressão, falta de interesse e insegurança, entre outros.

Quando um grau da hierarquia de valores é transcendido, o próximo na escala ocupa o centro das preocupações do indivíduo, até que seja novamente superado. Por exemplo, uma pessoa que está lutando para suprir necessidades básicas, como alimentação e moradia, não está preocupada com reconhecimento social. Se todas as necessidades estão insatisfeitas e o organismo é dominado pelas necessidades fisiológicas, quaisquer outras poderão tornar-se inexistentes ou latentes. Podemos, então, caracterizar o organismo como simplesmente faminto, pois a consciência fica quase inteiramente dominada pela fome. Todas as capacidades do organismo, portanto, servirão para satisfazer a fome.

Maslow elaborou uma pirâmide motivacional com a seguinte escala de necessidades:

As necessidades fisiológicas estão relacionadas com os fatores biológicos, como a fome, a sede e o sono. A falta ou déficit de satisfação nesse nível compromete a atuação e pode causar distorções na linha de tempo presente-futuro. A mente fica presa na satisfação dessa necessidade e não consegue criar outras perspectivas. Segundo Maslow, é impossível uma pessoa faminta pensar em liberdade, no amor, em sentimentos humanitários, porque tais condições não enchem o estômago.

As necessidades de segurança resultam na busca de proteção contra alguma ameaça ou violência que coloque em risco a vida pessoal, familiar ou comunitária, e surgem após as necessidades fisiológicas terem sido preenchidas. Da mesma forma que na escala anterior, se essa necessidade apresentar um déficit de satisfação, poderá determinar e direcionar o comportamento até a sua complementação.

As necessidades sociais se relacionam com o sentimento de pertencer ou fazer parte de um grupo social com o qual se possui alguma identificação, com o objetivo de trocar afeto e amor com outras pessoas, ser estimado(a), considerado(a) por amigos, pelo cônjuge, pelos filhos etc. Se uma pessoa sentir falta de amigos e de afeto, começa a experimentar um estado de solidão. Tal frustração pode levar ao desenvolvimento de distúrbios psicológicos sérios. Como nos casos anteriores, a não satisfação dessa necessidade prende a mente e direciona a ação para satisfazê-la, o que impede a pessoa do contato com a perspectiva da próxima necessidade.

A necessidade de status e estima inclui o prestígio e a aprovação social; sua realização melhora a autoestima e a confiança. A frustração na complementação dessa necessidade gera emoções de fraqueza, impotência e inferioridade. Enquanto não for realizada, "prende a pessoa" nesse patamar e a impede de pensar na próxima e última necessidade, que é o ápice da pirâmide motivacional: a autorrealização.

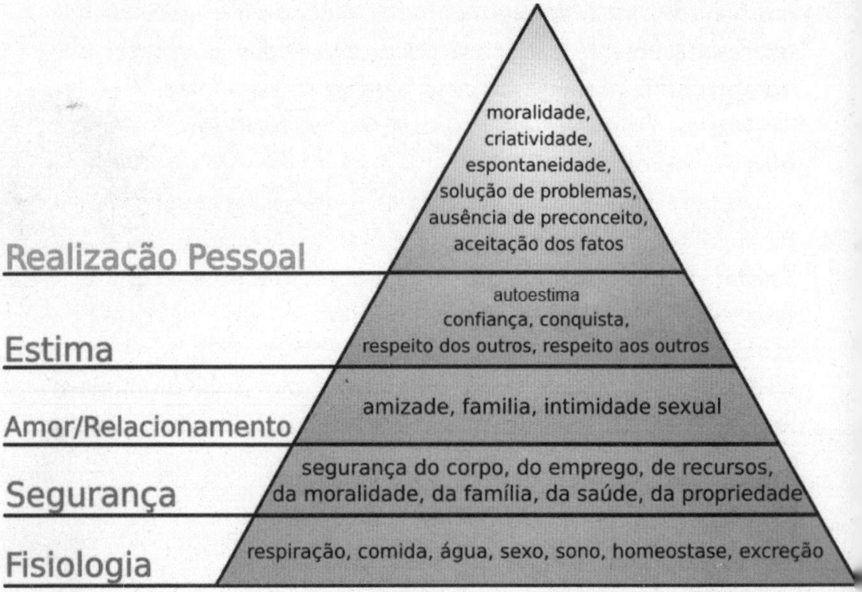

As necessidades de autorrealização se referem à utilização do pleno potencial humano e são a expressão do aperfeiçoamento das virtudes e das habilidades humanas nos setores da sociedade, das artes, da filantropia, da consciência das condições ambientais e sua melhoria, do autoconhecimento obtido pela auto-observação da mente e da natureza emocional. O aparecimento dessa necessidade supõe que as demais necessidades tenham sido satisfeitas.

A autorrealização não pode ser plenamente satisfeita como nas demais e anteriores necessidades estudadas. A sua satisfação, em um determinado grau, leva a pessoa a querer compartilhar com os demais e a auxiliar outros a atingirem, também, o seu potencial. Portanto, ela está sempre se projetando na linha do tempo, no futuro. A visão se amplia enormemente com sua responsabilidade social e o seu comportamento se direciona para a prestação de serviços ao próximo e para o auxílio humanitário.

Maslow considera que para as necessidades serem satisfeitas, existem algumas condições necessárias, como liberdade para agir e falar, liberdade de investigação e procura por informações, de defesa, busca da justiça e um grau de ordenamento dos valores humanos. Considera também que nem todo comportamento depende das necessidades, mas de fatores sociais e culturais que, de certa forma, acabam influenciando a visão e a percepção de como as necessidades podem ser preenchidas pela aquisição de determinados bens ou serviços, embora sem alterar, na essência, a escala de valores que propôs.

Fazendo uma síntese da hierarquia acima, podemos afirmar que ela engloba três elementos principais: os materiais, os sociais e os transcendentais.

Na visão de Maslow, os mais altos estágios dessa escala só podem ser atingidos quando os anteriores já foram satisfeitos. Segundo ele, é impossível alguém que está lutando para satisfazer necessidades básicas se preocupar com questões de autorrealização.

Com relação à nossa cultura ocidental, isso pode ser uma constatação, devido ao enfoque que damos aos aspectos materiais, mas na cultura oriental, dotada de uma filosofia milenar, isso não constitui um obstáculo, pois ela se baseia na eliminação de apego aos objetivos e na prática do "samadhi", o estado de bem-aventurança atingido durante a meditação, que não guarda nenhuma relação com o mundo dos cincos sentidos.

Esses são, porém, pontos de vista de duas culturas. Acreditamos que temos muito a aprender com os orientais, principalmente na aquisição de maior capacidade de introspecção para analisar e repensar a realidade à nossa volta. Eles também têm muito a aprender conosco, para se voltarem mais ao lado objetivo, transformar a dura realidade que os cerca, de miséria e sofrimento humano, causados pela má interpretação de uma filosofia que prega a aceitação das condições de nascimento como um fardo a ser levado por toda a vida.

Consideramos o trabalho de Maslow não apenas uma teoria, mas uma coletânea de hipóteses e ideias. Ele mesmo, referindo-se a esse trabalho, comentou no seu livro mais importante, Introdução à Psicologia do Ser: "Está surgindo agora, no horizonte, uma nova concepção [...] que cedi à tentação de apresentá-la ao público mesmo antes de ser verificada e confirmada e antes de poder ser denominada conhecimento científico idôneo."

Entretanto, as pesquisas e os fatos demonstram que Maslow realmente foi capaz de prever o comportamento dos consumidores. A geração de riquezas diminuiu a distância entre consumidores de alta renda e os de menor poder aquisitivo, com relação aos bens que ambos possuem, como por exemplo, casa, carro, telefone, computador, etc. Isso significa que cada vez menos a posse desses bens é relevante para a felicidade e para a autorrealização.

Satisfazer os sonhos de autorrealização se tornou um dos principais desafios dos profissionais envolvidos na elaboração do marketing, pois será sempre maior o número de clientes que buscam preencher este critério.

Tais clientes não têm mais a visão tradicional; seus valores estão voltados para as questões sociais e ambientais, daí a necessidade de o anunciante associar sua marca com projetos de âmbito social, cultural e ambiental relevantes.

Ao beneficiar a comunidade, defendendo uma causa nobre, a empresa sobe um patamar na hierarquia de valores na visão do consumidor, pois melhora a sua imagem ética e social, o que passa a estimular a percepção do cliente.

O planejamento, nesse caso, deve ser bem cuidadoso, é necessário que tanto a empresa como a causa a ser apoiada compartilhem crenças e possuam uma agenda comum de metas e objetivos a atingir. Deve ser feita uma ampla divulgação desses resultados na mídia.

Ainda com relação às necessidades de autoestima e autorrealização, podemos afirmar que ambas estão relacionadas a fatores psicológicos. Os consumidores, nesse patamar, procuram marcas e produtos que oferecem prestígio, status, etc.

O biógrafo de Maslow, o psicólogo Edward Hoffman, numa conferência sobre autorrealização no ambiente de trabalho no século XXI, citava que ninguém previa quanto o avanço tecnológico afetaria globalmente a vida organizacional e a de negócios.

Os profissionais de Recursos Humanos deparam-se com milhares de desafios para a gestão de pessoal – alguns muito familiares e alguns historicamente sem precedentes.

Quem iria imaginar que o recrutamento e a retenção de colaboradores se tornariam a maior preocupação dos empregadores?

A tecnologia não alterou a natureza humana, mas lançou definitivamente uma nova forma para a abordagem de temas como produtividade, eficiência, espírito de equipe e crescimento de empresas e funcionários, que estão presentes em um ambiente de trabalho cada vez mais competitivo e internacionalizado.

Sob muitos aspectos, esses temas são psicológicos por natureza e, portanto, necessitam de soluções e reflexões também psicológicas. Talvez pareça óbvio para nós, mas muitos economistas estão despertando para o fato de que seres humanos não são máquinas destituídas de emoções e que, desapaixonadamente, deixam de fora o próprio interesse.

Ao contrário, agem de acordo com valores, atitudes e motivos que têm sua própria lógica – e força – em todos os aspectos da vida econômica, desde o trabalho até o comportamento do consumidor.

O que faz o trabalho de Maslow tão relevante?

Num campo frequentemente influenciado pela abordagem, ele enfatiza que nós compartilhamos uma hierarquia inata de necessidades e motivos, envolvendo segurança e proteção, identificação com um grupo (sentimento de pertencer ao grupo), estima e respeito, amor e, finalmente, autorrealização. Essa hierarquia, de acordo com as variadas culturas, conduz em diferentes graus a função individual – "para tornar possível tudo o que cada um é capaz de atingir".

De volta a 1970, Maslow brilhantemente predisse: "Quanto mais saudáveis nós somos emocionalmente, mais importantes se tornam nossas necessidades de preenchimento criativo no trabalho. Ao mesmo tempo, toleramos menos violação de nossas necessidades para tal preenchimento".

Na visão antecipada de Maslow, a emergente afluência em todos os recantos do mundo terminaria com o velho estilo "teoria versus gerenciamento", baseado na pessimista e pré-científica visão de que as pessoas são, por princípio, preguiçosas e egoístas – substituindo-a pela perspectiva mais otimista da "teoria y" (cientificamente referendada), na qual empenhar-se para a realização pessoal é básico da natureza humana.

Desde então, virtualmente, tudo o que a psicologia e os campos aliados descobriram sobre a personalidade e o comportamento humano confirmou a premissa intuitiva de Maslow. Quando somos estimulados, incentivados e entusiasmados pelo nosso trabalho – quando somos verdadeiramente autorrealizados, nossos níveis de satisfação atingem alturas inimagináveis. Grandes revelações conceituais e metodológicas podem ocorrer. O pensamento linear é transcendido; podemos até mesmo ultrapassar aquilo que originalmente acreditávamos ser o nosso potencial.

O que isso significa para o campo de relações humanas?

Especificamente, como podemos alcançar a inspiradora visão de Maslow, de uma força de trabalho democrática e global, caracterizada por produtividade, sinergia, adaptabilidade e total realização? Quais as novas abordagens psicológicas, métodos de avaliação e intervenções que podem ser mais úteis? Ou, ao contrário, que aspectos são simplesmente ilusões ou quimeras que nós perseguiremos?

Dentro desse trabalho, podemos tirar várias lições de autodesenvolvimento identificadas e que, se aplicadas a médio prazo, nos trarão prosperidade hoje e por muitos séculos ainda. Abaixo, apresentamos um resumo de características a serem adotadas ou aperfeiçoadas nas suas atitudes diárias:

- Aceitação concisa e direta (de si e das coisas tais como são).
- Valores baseados numa visão positiva do mundo (o universo é visto não como uma selva predatória, mas como um lugar próspero e com abundância para todos, tendo e podendo fornecer tudo de que precisamos para viver em confraternização e contribuição mútua, aprendendo, compartilhando, doando, recebendo etc.).
- Senso de humor "verdadeiro", que remete ao prazer do "sorriso grande", de reservar um tempo de nossas vidas em prol do que nos faz rir de forma aguçada e entusiasta.
- Afinidade humana (amor autêntico por todas as pessoas e desejo de ajudá-las).

- Afinidade e respeito a toda e qualquer forma de vida existente na natureza (a natureza e nós somos um único corpo; quando a atacamos por meio de uma ponta de cigarro jogada em um rio, ou poluindo com nosso lindo automóvel, ou matando um animal de forma predatória, mais cedo ou mais tarde ela nos devolverá com maior intensidade, pois a lei do retorno é verdadeira).
- Percepção clara da realidade (incluindo uma alta capacidade de detectar falhas e acertar ao escolher as pessoas que compartilharão de nossas vidas e, possivelmente, de nossos resultados).
- Espontaneidade (vida interior rica, não convencional; capacidade de ver o mundo como as crianças, ou seja, sempre como se fosse a primeira vez; valorização da beleza das coisas mais simples, um sorriso sincero aos que merecem sua consideração; olhar sincero e duro sem o medo da repreensão e do pré-julgamento e, dentro do possível, até mantermos certa inocência, pois assim nos tornamos menos reativos e mais felizes, procurando sempre ver nas pessoas o seu melhor.
- Concentração na procura de soluções e no que desejamos para vivermos proativos e mais equilibrados (a maioria dos seres humanos vive reagindo ao que lhe acontece, trabalha no que não gosta reativamente e até vive com seus cônjuges da mesma forma; a grande questão é focarmos nossas vidas no que desejamos, trabalharmos em questões internas para resolvermos, com mais equilíbrio, problemas externos; assim sentiremos maior vontade de construir uma missão, um propósito, tirando de vez a mesquinhez, a introspecção, os jogos egocêntricos, os papéis e a manipulação de nossas vidas).
- Busca da solidão (quando desfrutada voluntariamente, a solidão traz também serenidade e distanciamento de infortúnios, crises e das pessoas que não agregam, além de ajudar a obter independência de pensamento e capacidade de decisão racional e equilibrada).
- Autonomia (acabar com o medo da crítica, gerando inde-

pendência quanto à aprovação de outras pessoas; maior interesse na satisfação de sua essência do que no *status* e nas recompensas).

- Viver o auge do momento e as experiências místicas **e não apenas** semanalmente, anualmente, por datas comemorativas. Perceber o tempo de forma atemporal, valorizando o aqui e o agora, viver sua essência com as pessoas que escolheu, viver a energia do Universo em equilíbrio e de forma completa.
- Criatividade - perceber que a criatividade costuma sair da realidade criada pelos padrões da lei do mínimo esforço e trabalhar de forma altruísta, dando o seu melhor para o benefício de todos.
- Aprender com as imperfeições próprias e alheias (todos os seres humanos têm suas falhas, culpas, neuroses, autorrecriminação, ciúmes que as pessoas experimentam, sem necessariamente serem fundados; dar foco ao que agrega valor e descartar sentimentos ruins, pois a natureza é perfeita e o ser humano está sempre em franca evolução).
- Resistência ao processo de aculturação (capacidade de ver além dos limites da cultura e da própria época, ver-se nas bases e na essência, acompanhando a evolução natural das coisas e acontecimentos. Além de não deixar que seu passado decida quem você é, sem nunca abandonar as pessoas que formaram você).

Lembre-se que toda resistência tem uma intenção que pode construir ou destruir relações e, neste caso, nada melhor do que uma evidência para desfazer crenças rígidas

Se você precisar vencer alguém, faça, mas sempre o preserve e saiba que as grandes vitórias são internas; seus prazeres, por mais compartilhados que sejam, serão sempre solitários e o seu conhecimento compartilhado parcialmente, pois é dessa forma que nos tornamos imortais e prevalecemos na prosperidade. Na vida, só temos de permanente a abundância, a evolução e o conhecimento como as únicas virtudes e a ignorância como o único vício.

- Humildade e respeito (acreditar que é possível aprender com qualquer um e que mesmo a "pior pessoa" tem aspectos positivos. Procure não acreditar na maioria, mas na metade do que você vê, afinal a verdade é sábia e relativa à época, lugares e culturas, portanto não há fatos verdadeiros e sim percepções diferentes).
- Felicidade (ela não precisa de crenças para que exista, pois ela já nos é dada de presente pelo Universo. Basta, apenas, que você olhe o mundo com a simplicidade de uma criança e não tente inventar-lhe padrões ou racionalizá-la, pois a felicidade é uma beleza interna, uma gostosa sensação de prazer a ser sentida, nunca intelectualizada).

Agora, faremos um prazeroso exercício de perguntas e respostas, visando descobertas sobre nós, da melhor forma possível: a partir de nossas próprias respostas. Encare as perguntas como um "jogo sério", onde a cada resposta você descobre "algo mais" sobre si. É importante sabermos que, independente do resultado, é sempre possível mudar para melhor a nossa vida e influenciar positivamente o mundo ao nosso redor.

Perfil de motivação individual

Instruções

Você encontrará, a seguir, 30 proposições diferentes para ler e avaliar. Cada uma delas apresenta duas alternativas possíveis.

Você deverá avaliar e optar por aquela que melhor refletir a sua realidade interna, aquela que mais se parece com aquilo que você faz, costuma fazer, ou acredita que faria naquelas circunstâncias.

Atribua 2 ou 3 pontos à alternativa que você escolheu como a mais significativa e 0 ou 1 ponto à alternativa menos cotada.

A pontuação das duas casas deverá somar sempre 3 pontos. Eis um exemplo:

O que mais me deixa feliz é:

V [1] *Ouvir o canto dos pássaros em uma manhã de outono.*

Z [2] *Aproveitar a manhã de outono para avaliar suas correspondências e planejar o seu dia.*

Isto não é um teste de conhecimentos. Não há alternativas boas ou más, corretas ou incorretas. Basta que "seja você"!

Vamos começar, desejamos uma ótima avaliação!

1. O que mais incentiva e estimula o meu desempenho é:

V [ ] *Um salário compatível com as minhas necessidades básicas e as de minha família.*

Z [ ] *A oportunidade de testar a minha própria capacidade e ter acesso aos resultados.*

2. Se eu tiver de escolher entre duas organizações para trabalhar, prefiro aquela que:

W [ ] *Oferecer-me normas de trabalho claramente definidas, sólidas garantias de estabilidade, e assegurar-me benefícios extensíveis à família, como por exemplo: seguro de vida, assistência médica, alimentação e previdência privada.*

Z [ ] *Proporcionar-me autonomia para criar, liberdade para experimentar e autoridade para inovar.*

3. O tipo de subordinado que mais me irrita é aquele que:

V [ ] *Não valoriza as boas condições ambientais de trabalho que lhe são oferecidas (instalações físicas confortáveis, bem iluminadas, restaurante interno, etc.).*

Y [ ] *Não me oferece o devido respeito e consideração.*

4. Desenvolvo minhas responsabilidades com maior entusiasmo e eficiência quando:

V ☐ *Recebo um salário compatível com as minhas necessidades e as de minha família.*

X ☐ *Mantenho um relacionamento cordial e harmonioso com os meus colegas, meus superiores e meus subordinados, bem como a convicção de que sou bem aceito por eles.*

5. Se na minha próxima promoção me for dado escolher entre dois cargos, darei preferência àquele que:

W ☐ *Oferecer-me normas de trabalho claramente definidas, sólidas garantias de estabilidade, e assegurar-me o maior número de benefícios.*

Y ☐ *Conferir-me maior prestígio e poder.*

6. A minha produtividade pode ser prejudicada quando:

X ☐ *Delegam-me responsabilidade que exige a minha dedicação pessoal, e fico privado de compartilhar os meus problemas e as minhas ideias com os meus companheiros.*

Z ☐ *As minhas responsabilidades atuais deixarem de representar desafio.*

7. O que mais incentiva e estimula o meu desempenho é:

W ☐ *Um supervisor imediato em quem eu possa confiar, condições de trabalho bem organizadas, e um ambiente de trabalho onde quase tudo já foi previsto e planejado.*

Y ☐ *O reconhecimento que me conferem pelos meus méritos.*

8. Se eu tiver que escolher entre duas organizações para trabalhar, prefiro aquela que:

V ☐ *Oferecer-me boas condições de trabalho: ambiente confortável, amplo e limpo, com boa iluminação e temperatura agradável, restaurante interno e comida saborosa.*

X ☐ *Convidar-me para fazer parte de uma equipe de trabalho que mantém excelentes relações entre os seus membros.*

9. O tipo de subordinado que mais me irrita é aquele que:

Y ☐ *Não me confere o devido respeito e consideração.*

Z ☐ *Resiste a colaborar comigo na experimentação de novas ideias.*

10. Desenvolvo minhas responsabilidades com maior entusiasmo e eficiência quando:

W ☐ *Tenho um supervisor confiável, motivador e centralizador*

Z ☐ *Proporcionam-me a oportunidade de testar minha própria capacidade e tenho acesso aos meus resultados.*

11. Se na minha próxima promoção me for dado escolher entre dois cargos, darei preferência àquele que:

V ☐ *Oferecer-me um ambiente composto por pessoas comprometidas com o projeto.*

Y ☐ *Conferir-me a liderança a qualquer preço.*

12. A minha produtividade pode ser prejudicada quando:

V ☐ *Sou excessivamente solicitado no exercício de minhas atribuições, a ponto de ter que sacrificar o meu horário de almoço ou saída.*

Z ☐ *As minhas responsabilidades atuais deixarem de representar desafio.*

13. O que mais incentiva e estimula o meu desempenho é:

V ☐ *Ganhos financeiros que me permitam realizar sonhos adormecidos.*

W ☐ *Um supervisor cuja carreira eu sempre admirei e acompanhei, sendo que agora tenho a oportunidade de trabalhar com ele.*

14. Se eu tiver que escolher entre duas organizações para trabalhar, prefiro aquela que:

W ☐ *Geograficamente estiver instalada ao redor de minha residência.*

X ☐ *Convidar-me para fazer parte de uma equipe de trabalho que mantém excelentes relações entre os seus membros.*

15. O tipo de subordinado que mais me irrita é aquele que:

W ☐ *Não pensa no dia de amanhã.*

X ☐ *É antissocial e confunde qualquer iniciativa de sociabilidade com bajulação.*

16. Desenvolvo minhas responsabilidades com maior entusiasmo e eficiência quando:

Y ☐ *A família fica feliz ao tomar conhecimento de minhas promoções e vitórias profissionais.*

Z ☐ *Vou aos limites da exaustão, em busca de dar o máximo do meu potencial.*

17. Se na minha próxima promoção for me dado escolher entre dois cargos, darei preferência àquele que:

V ☐ *Tiver muitas pessoas sob meu comando, dependentes da minha liderança.*

W ☐ *Gerar maior "vitrine", para que o mercado conheça o meu trabalho.*

18. A minha produtividade pode ser prejudicada quando:

X ☐ *Observo pessoas que trabalham comigo sendo tratadas com pouca dignidade.*

Y ☐ *Outro executivo, sem as qualificações que possuo, é promovido por mero favoritismo para o cargo que estou planejando assumir num futuro próximo.*

19. O que mais incentiva e estimula o meu desempenho é:

X ☐ *O relacionamento cordial e harmonioso com os meus colegas, meus superiores e meus subordinados, bem como a convicção de que sou bem aceito por eles.*

Y ☐ *A vaga exclusiva na garagem, o bônus no final do ano e o prêmio de reconhecimento concedido pela diretoria.*

20. Se eu tiver de escolher entre duas organizações para trabalhar, prefiro aquela que:

Y ☐ *Apresente-me em reunião oficial para os demais membros da equipe.*

Z ☐ *Permita-me, dê-me liberdade para passar à equipe o mesmo entusiasmo que acompanha a minha vida.*

21. O tipo de subordinado que mais me irrita é aquele que:

V ☐ *Não se compromete com o projeto, com a empresa e tampouco consigo.*

X ☐ *Desconhece as regras implícitas de boa convivência e influência.*

22. Desenvolvo minhas responsabilidades com maior entusiasmo e eficiência quando:

X ☐ *Percebo que a diretoria se preocupa com qualidade de vida, oferecendo programas de atenção à saúde e promovendo reuniões, festas, palestras e treinamentos para os funcionários.*

Z ☐ *Sinto que a empresa se preocupa comigo como eu com ela.*

23. Se na minha próxima promoção for me dado escolher entre dois cargos, darei preferência àquele que:

V ☐ *Contribuir para com a vida das pessoas de minha equipe, através do poder de negociação que terei com a diretoria.*

Z ☐ *Trouxer-me a sensação de que o plano de carreira, que tracei estrategicamente, está sendo cumprido.*

24. A minha produtividade pode ser prejudicada quando:

W ☐ *Perco a confiança na liderança, desconfio da estabilidade do meu cargo, temo pela sobrevivência da minha organização.*

Y ☐ *Toda a empresa está comigo, segue minhas convicções e defesas, mas somente a alta diretoria não as reconhece.*

25. O que mais incentiva e estimula o meu desempenho é:

V ☐ *A certeza de que esta empresa será sempre referência no setor.*

Y ☐ *Os aplausos em reconhecimento aos meus esforços, tanto por parte dos colegas, como também da diretoria.*

26. Se eu tiver que escolher entre duas organizações para trabalhar, prefiro aquela que:

X ☐ *Tiver um forte setor de relações humanas, responsável pela motivação, coesão e comprometimento da equipe.*

Y ☐ *Permite-me liberdade para fazer o que eu quiser e como quiser com a equipe, sem restrições hierárquicas.*

27. O tipo de subordinado que mais me irrita é aquele que:

W ☐ *Não pensa no dia de amanhã.*

Z ☐ *Resiste a colaborar comigo na experimentação de novas ideias.*

28. Desenvolvo minhas responsabilidades com maior entusiasmo e eficiência quando:

W ☐ *A liderança tratou de certificar a empresa, definir manuais de políticas e procedimentos.*

X ☐ *A concorrência começa a me assediar, demonstrando interesse nos meus projetos e na minha performance.*

29. Se na minha próxima promoção puder escolher entre dois cargos, darei preferência àquele que:

X ☐ *Proporcionar-me a alegria de dividir os projetos com pessoas sinérgicas e dotadas de espírito de criação.*

Z ☐ *Ver os meus concorrentes ao mesmo cargo, ainda que sem opção, me aplaudindo e invejando.*

30. A minha produtividade pode ser prejudicada quando:

V ☐ *Sinto-me assediado(a) moralmente, fazem chacota de minhas ideias e desrespeitam meu processo criativo.*

W ☐ *Ouço o meu líder murmurando para alguém ao telefone que "não está nem aí" para as pessoas, o que lhe importa são os resultados e o seu salário bem "gordo" no banco.*

Muito bem, vamos aos resultados.

Tabulação das Respostas

Página	Item	V	W	X	Y	Z
	01					
	02					
	03					
	04					
	05					
	06					
	07					
	08					
	09					
	10					
	11					
	12					
	13					
	14					
	15					
	16					
	17					
	18					
	19					
	20					
	21					
	22					
	23					
	24					
	25					
	26					
	27					
	28					
	29					
	30					
TOTAIS	→					
		V	W	X	Y	Z

TRANSFIRA

Transfira para este mapa as pontuações atribuídas às alternativas analisadas. **Atenção:** Os 5 totais deverão somar 90 pontos ao todo – a menos que você tenha incorrido em algum erro de adição. Retifique, se for o caso. Transfira os resultados para as colunas desta página. Se eventualmente o resultado ficar "ao meio" numericamente, pode representá-lo da mesma forma. Você pode transferir os resultados, a princípio, por um ponto e depois ligá-los, formando o seu próprio gráfico. Eis um exemplo de como pode ficar:

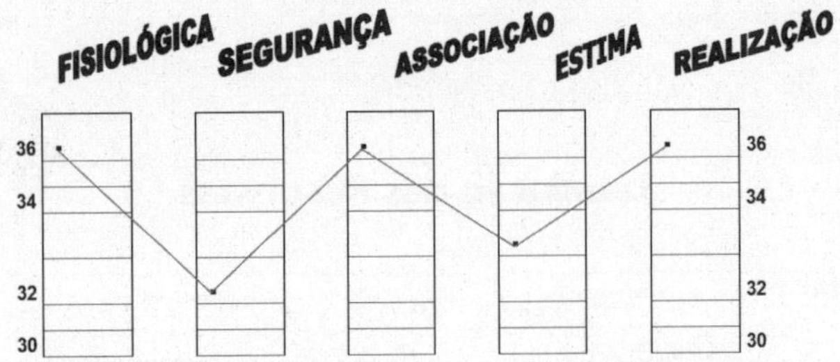

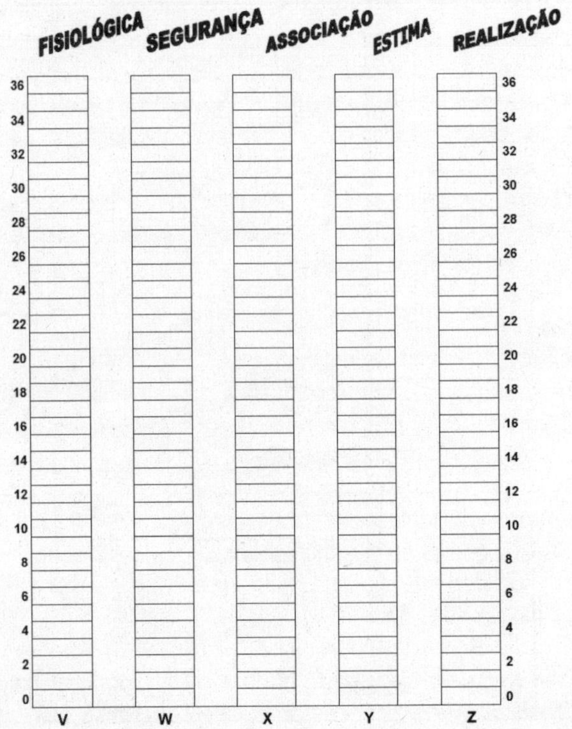

Questões para a concretização da meta

Agora que você já mapeou parte do que deseja para a sua vida, responda detalhadamente as seguintes questões, que permeiam as 9 áreas fundamentais de nossa vida. Elas servirão de orientação para você avançar na direção correta, rumo à concretização da meta maior para toda a sua existência, criação e evolução.

Todos nós temos ambições e metas na vida. **Pois tanto na vida, quanto nos negócios... O que não se mede, não existe!** Essas metas podem ter diversos focos. Escolha com discernimento e prioridade as que necessita para este momento SEU, pessoal e intransferível.

Atitudes criadoras, otimismo e garra, combinados à sua experiência, e ao interesse genuíno de aperfeiçoar-se, permitirão a você a oportunidade de enriquecer em todos os aspectos de sua vida. Nós acreditamos em você!

Meta familiar

1. Dentre os pontos necessários para o desenvolvimento familiar, o que eu desejo concretizar em primeiro lugar?
2. Eu apresento alguma falha no tocante ao relacionamento com minha família?
3. Quais as medidas que devo tomar para corrigir essas falhas?
4. Dentre todos, qual é o ponto-chave para o desenvolvimento de minha família e para sua concretização?
5. Hoje, o que eu tenho condições de aprimorar?
6. Quando darei início ao processo de aperfeiçoamento de meu comportamento (colocar por escrito e com data para iniciar e terminar cada etapa).

Meta financeira

1. Qual é o montante de dinheiro que eu vou necessitar, em caso de demissão do emprego para gerar um novo equilíbrio?
2. Quanto eu vou precisar para as férias, o casamento, a escola, a poupança, troca de carro?
3. Quanto eu preciso para levar uma vida razoavelmente boa?
4. Em que estou desperdiçando meu dinheiro?
5. De que forma eu posso aumentar meu atual rendimento?

Meta da missão de vida

1. O que eu pretendo realizar quanto ao que entendo por "missão maior", segundo minhas crenças religiosas?
2. Quais as medidas necessárias para concretizá-las?

3. Dentre as medidas, qual é a que eu quero tomar em primeiro lugar?
4. O que eu devo fazer agora, neste momento, para conseguir uma evolução positiva?

Meta profissional

1. Qual a posição (*status*) que eu desejo atingir na minha vida?
2. Qual a minha posição atual?
3. Qual é a posição que eu, inevitavelmente, atingirei na minha vida, considerando as condições atuais?
4. Quais etapas eu posso excluir para concretizar minha meta?
5. Qual a posição que eu, seguramente, atingirei dentro de cinco anos?
6. Qual a posição que seguramente atingirei dentro de um ano?
7. O que devo começar imediatamente para atingir essa posição?
8. Qual é o montante de dinheiro que eu vou necessitar para isso?
9. Quais serão as consequências pessoais que terei neste processo e quem mais participará dele de forma pessoal?

Meta física

1. O que eu desejo realizar fisicamente?
2. O que devo fazer para corrigir o que considero inapropriado?
3. O que é de fato essencial para a minha evolução e desenvolvimento físico?
4. Neste momento, eu tenho condições de aprimorar o quê?
5. Quando e onde eu começo?

Meta intelectual

1. Em quais áreas eu tenho necessidade de me desenvolver?
2. Dentre essas áreas, qual delas merece premência de evolução?
3. Qual a área que eu considero mais importante para a concretização de minha meta e para o meu sucesso?
4. O que devo fazer para desenvolver essa área?
5. Neste momento, eu tenho condições de aperfeiçoar o quê?

Meta social

1. O que farei para melhorar o meu relacionamento na região onde moro?
2. O que farei de caridade para ajudar o próximo até o final do ano, no próximo mês, na próxima semana, amanhã?
3. Quanto tempo posso dispor para me dedicar como voluntá-

rio em algum programa social?
4. Por que este trabalho é importante para meu desenvolvimento e equilíbrio pessoal?
5. Hoje eu contribui mais para a sociedade onde vivo gerando recursos positivos, autoestima ao próximo e riqueza à humanidade; ou usei dos recursos da riqueza da sociedade onde vivo, da energia alheia para "me dar bem", e dos recursos da humanidade de propósito e sem dar nada em troca?

Meta de amizades e *network*

1. Esta amizade agrega algo a meu caráter e valores?
2. Esta amizade agrega algo a meu intelecto?
3. Esta amizade agrega algo em minhas habilidades sociais como exemplo?
4. Esta amizade me traz possibilidades de ganhos pecuniários éticos ou indicações?
5. Pode frequentar minha casa com confiança plena?
6. EU TRANSMITO CONFIANÇA?
7. Sou referência na minha área profissional?
8. Entrego o que prometo sempre?
9. Sou referência pessoal aos meus amigos?
10. Sou a primeira indicação em meu meio em relação a novas oportunidades profissionais?

Meta de autoestima e autorrealização para a vida

1. Quem alimenta sua autoestima?
2. Quem alimenta seus ideais?
3. Com quem compartilho meus ideais?
4. Quem é capaz de me impulsionar rumo aos meus ideais?
5. Quem eu quero que vá junto comigo?
6. Quem eu não quero que vá junto a mim e nem saiba dos meus ideais?
7. Quem e o quê eu preciso VENCER para chegar nos meus objetivos maiores?
8. Tenho resiliência para suportar possíveis consequências?
9. As pessoas que estão com você no seu processo de mudança aguentarão essas consequências também?
10. Você acredita que seu comprometimento e atitudes diários são responsáveis pela sua autoestima, pelos seus resultados, e consequências que você vive hoje? Como você percebe isso e o que pretende fazer para mudar ou potencializar seu melhor?

16 regras de ouro para pessoas de ATITUDE

1. Assuma a ética como parte de você

A vitória prazerosa é a que aumenta sua dignidade e reafirma valores profundos. Pisar sobre os outros para subir, desperta o desejo de vingança.

2. Estude sempre e muito

A glória pertence àqueles que tem um trabalho especial para oferecer.

3. Acredite sempre no amor

Não fomos feitos para a solidão. Se você está sofrendo por amor, está com a pessoa errada ou amando de uma forma ruim para você.

Caso tenha se separado, lide com a dor e se abra para outro amor.

4. Agradeça a quem participa de suas conquistas

Verdadeiros vencedores sabem que as vitórias são alimentadas pelo trabalho em equipe. Agradecer é a melhor maneira de deixar todos motivados.

5. Eleve suas expectativas

Pessoas com sonhos grandes obtêm energia para crescer. Controle suas expectativas, a ponto de não superestimá-las e tampouco deixar de tê-las. O equilíbrio é a palavra de ordem.

6. Curta muito a sua companhia

Casamento dá certo para quem não é dependente... Casamento é soma de pessoas íntegras, felizes e equilibradas = SINERGIA e realização na totalidade.

Aprenda a viver feliz mesmo sem uma pessoa ao lado. Se não tiver com quem ir ao cinema, vá com a pessoa mais fascinante: você!

7. Tenha metas claras

A história da humanidade é cheia de vidas desperdiçadas. Amores que não geram relações enriquecedoras, talentos que não levam a carreiras de sucesso. Determine metas que façam jus ao seu potencial e assim, use a seu favor estas energias: tempo, energia e dinheiro.

8. Cuide bem do seu corpo

Alimentação, sono e exercícios são fundamentais para uma vida saudável. Seu corpo é seu templo. Gostar de si deixa as portas abertas para que os outros gostem também.

9. Declare o seu amor

As pessoas das suas relações esperam você dizer "eu te amo" repetidamente. Em nossas experiências, ouvimos relatos de pessoas que dizem "não preciso ficar falando que amo, é claro que amo"... podemos dizer que **NÃO BASTA SENTIR, É IMPORTANTE DIZER**. Sabe por quê? A audição humana clama por esta frase!

10. Amplie os relacionamentos profissionais

Os amigos são a melhor referência em crises e a melhor fonte de oportunidades na expansão. Ter bons contatos é essencial em momentos decisivos.

11. Seja simples

Retire de sua vida tudo o que lhe dá trabalho e preocupação inúteis. Crie espaços para desfrutar mais a viagem da vida.

12. Seja qual for o seu sexo, cuide e apoie as mulheres

Sem dúvida, temos mais a aprender com as mulheres do que elas com os homens. Preserve a sensibilidade feminina e se não percebeu ainda, acorde: elas são referência de sucesso no amor e nos negócios!

13. Tenha mestres

Viver é decidir na neblina, sabendo que o resultado só será conhecido quando pouco restar a fazer. Procure alguém de confiança, de preferência mais experiente, para orientá-lo nas decisões e indecisões.

14. Descarte o vício da preocupação

A vida tensa, corrida e insalubre não pode se tornar moda. Para alguns, parece que ser competente e estar de bem com a vida são coisas incompatíveis. Bobagem! Defina suas metas, conquiste-as e deixe a neurose para quem gosta dela!

15. O amor é um jogo cooperativo

Se vocês estão juntos, é para jogar no mesmo time. Um tem a natural incumbência de valorizar o outro, de motivar, instigar e depositar extrema confiança.

16. Tenha amigos vencedores

Vencedores falam de vencedores e com vencedores.

Perdedores só tocam na tecla perdedora. Aproxime-se de pessoas com alegria de viver e afaste-se para sempre do negativismo. Parabéns por chegar ao fim desta obra, temos certeza de que você é um Ser Humano de Atitude e, com certeza, amante da PROSPERIDADE, com a missão de fazer a diferença positiva no Universo.

A vida é uma soma de atitudes e nunca um fato isolado.
A prosperidade, a partir de hoje, está e sempre estará em sua companhia.
A sua prosperidade é do tamanho da sua imaginação.
Pense, trabalhe, evolua, enriqueça sob todos os aspectos.
Saiba que estaremos sempre à sua disposição,
justamente porque **APRECIAMOS** *esta proximidade com os leitores.*
TENHA UM EXCELENTE DIA, HOJE E SEMPRE.

Homens-Livros
O Universo é Uma Imensa Livraria.
A Terra é Apenas Uma de Suas Estantes.
Somos os Livros Colocados Nela

Da mesma maneira que as pessoas compram livros apenas pela beleza da capa, sem pesquisarem o índice e o conteúdo, muitas pessoas avaliam os outros pela aparência externa, pela capa física, sem considerarem a parte interna.

Outras procuram livros com títulos bombásticos, sensacionalistas, histórias de terror ou romances profundos.

Também é assim com as pessoas: há aquelas que buscam sensacionalismos, dramas alheios ou apenas um romance profundo ou rasteiro.

Somos homens-livros lendo uns aos outros a todo instante.

Podemos parar na capa ou aprofundar nossa leitura até as vivas páginas do coração.

A capa pode ser interessante, mas é no conceito que brilha a essência do texto.

O corpo pode ter uma bela plástica, mas é o espírito que dá brilho aos olhos.

Também podemos ler nas páginas experientes da vida muitos textos de sabedoria, abandonados em "asilos" literários por homens -livros que decidiram abandonar a arte de escrever.

Seja como for, depende do que estamos buscando na estante.

Podemos ver em cada homem-livro um texto-espírito impresso nas linhas do corpo, nos traços do seu rosto e na nobreza de sua educação.

O Universo colocou sua assinatura divina ali, nas páginas do coração, mas só quem lê o interior descobre isso.

Só quem vence a ilusão da capa e mergulha nas páginas da vida íntima de alguém, descobre seu real valor humano e espiritual.

Que todos nós possamos ser bons leitores conscientes.

Que nas páginas de nossos corações, possamos ler uma história de amor profundo e plena felicidade. Pois felicidade é uma porta de emoções abertas através do coração.

Que em nossos espíritos possamos ler uma história imortal.

E que, sendo homens-livros, nós possamos ser leitura interessante e criativa nas várias estantes da livraria do Universo, pois somos homens-livros para sempre!

A capa amassa e as folhas rasgam, mas ninguém amassa ou rasga as ideias e os sentimentos de uma consciência imortal e justa.

Temos sede de vida, assim como de água, mas nós, homens -livros fortes e com muita essência, estamos sempre prontos para compartilhar evolução!

Todos nós temos livros publicados pela editora da vida.

Faça a sua parte, deixando alguma lição de prosperidade acompanhada de atitudes e habilidades de riqueza plena. O restante é mero detalhe.

O que faz a diferença na vida são as melhores ATITUDES e o exemplo que nos tornará "imortais", virtuosos e prósperos para a eternidade.

O caráter e o legado retornam do túmulo com os enlutados e se recusam a ser enterrados. **AS VIRTUDES DOS VENCEDORES** sobrevivem e influenciam a humanidade, pois **atitudes** são eternas.

Paulo Silveira

Agradecimento ao leitor

Olá – Esperamos que esteja ótimo(a)

Queremos parabenizá-lo(a) por sua ATITUDE.

Muitos iniciam, passam os olhos pelas primeiras páginas de um livro, mas poucos realmente estudam a obra e aproveitam o que ela tem de melhor. E se chegou até este ponto, temos a certeza de que compartilhou conosco agradáveis e enriquecedores momentos de aprendizado e crescimento.

Por meio desta obra, queremos manter aceso o sentimento de amor universal à vida; a consciência de aprender tudo que foi ensinado pelo tempo, pelas lições da natureza e pela magnífica e eterna energia divina em nossas vidas.

Também queremos lembrá-lo que os erros cometidos se transformarão em lições universais para que não mais se repitam e se tornem preciosas lições da adversidade para crescer e evoluir na capacidade de escolher novos rumos, melhores valores, emoções sadias e mais prósperas – ATITUDES CONSTRUTIVAS.

Queremos deixar também o respeito àquilo que é indispensável além do pão, o trabalho; além do trabalho, a criação e, quando tudo mais estiver em equilíbrio no seu íntimo, compartilhamos ainda alguns segredos:

- Busque em seu interior as respostas ao elixir da evolução;
- Encontre na sabedoria o discernimento;
- No amor, a essência;
- Na família, a base;
- Na vida em sociedade, a prosperidade conjunta e o mais importante...

Sua atitude mais nobre é energizar e enriquecer a sua vida. Fomos escolhidos e somos privilegiados a viver neste próspero Universo. Portanto, aumente seu valor a cada experiência e a desfrute por toda a sua existência aqui, fazendo-a transformar-se em pura criação hoje.

Assim, quando a nossa passagem por aqui se resumir numa linda obra e nas lembranças alheias, tivemos, fomos e seremos eternamente a melhor essência do Universo, e a criação maior de Deus.

Seja um eterno aprendiz

O saber não ocupa lugares. Ele ocupa os melhores lugares, as melhores oportunidades e a prosperidade na sua forma mais nobre, hoje e sempre.

Tenha um fabuloso dia e a certeza de que a Atitude – Virtude dos Vencedores é a sua maior riqueza

Como um agradecimento especial escrevemos para você 14 artigos sobre comunicação, lealdade, gestão, *network*, influência, trabalho em equipe. Para recebê-los sem nenhuma forma de cadastro ou pagamento mande um e-mail para falecom@paulosilveira.com.br com o título no campo "assunto" ATITUDE com SER MAIS.

Agradecemos também por nos permitir compartilharmos o nosso melhor com vocês. Desejamos que você tenha uma vida regada de paz, saúde, amor, harmonia, humor, equilíbrio, sucesso e prosperidade. Até breve,
Michelle e Paulo Silveira

Nossos contatos diretos são:

IDHPS – Instituto de Desenvolvimento Humano Paulo Silveira

Contato com os autores para treinamentos *in company*, seminários, palestras, conferências, assessoria e consultoria nas áreas de Liderança, Marketing, Vendas e Comportamental:

O instituto atua nas áreas de consultoria, palestras, *workshops* e treinamentos, nas áreas de Liderança, Vendas, Recursos Humanos, Negociação, Marketing, Comunicação e Gestão de Pessoas.

Rua Recife, 247 – América – Joinville – SC - CEP 89204-665
(47) 3027-2386 / (47) 9108-8666
Facebook: Michelle Borchardt Silveira
Facebook: Palestrante Paulo Silveira
falecom@paulosilveira.com.br
www.paulosilveira.com.br

Agradecemos por tudo e até breve.

Bibliografia

ABRAMS,M.; GERALD,D.& TIMMS,N(orgs.).*Values and Social Change in Britain*. Londres: Macmillan, 1985.

ADORNO,T.W. *The Culture Industry: selected essays on mass culture*. Ed. por J.M. Bernstein. Londres: Routledge, 1991.

ADORNO,T.W.; TRENKEL-BRUNSWICK,E.;LEVINSON,D.J & SANFORD,R.N. *The Authoritarian Personality*. Nova York: Harper&Row,1950.

ALLPORT,G. *The Nature of Prejudice*. Reading: Addison/Wesley, 1980.

ALLPORT,G.W. & Postman, L. *The Psychology of Rumor*. Londres: Holt, 1948.

ALTHUSSER,L. *Lenin and Philoshophy and Others Essays*. Harmondsworth: Penguin, 1971.

ALVARADO,M. & BUSCOMBE,E. *Hazell: the making of a TV series*. Londres: BFI/Latimer, 1978.

ANDERSON,B. *Imagined Communities*. Londres: Verso, 1983.

ALLEN, Rick. *A Fórmula Secreta*. Rio de Janeiro: Objetiva, 1995.

MCDONALD, Robert; SCHMIDT, Gerry & SMITH, Suzi. *PNL: A Nova Tecnologia do Sucesso*. Rio de Janeiro: Campus, 1995.

ARGYLE, Michael & Peter TROWER. *Você e os outros*. São Paulo: Harbra, 1981.

BANDLER, Richard & GRINDER, John. *Sapos em príncipes*. São Paulo: Summus, 1982.

BEAVIS, Wes. *Torne-se a pessoa que você sonha ser*. São Paulo: Professional Network do Brasil, 1997.

BENNIS, Warren G & TICHY, Noel M. *Decisão! Como Lideres Vencedores Fazem Escolhas Certeiras*. Porto Alegre: Editora Bookman, 2009.

BERKLEY, Susan. *Fale e influencie*. São Paulo: Market Books, 2001.

BODAKEN, Bruce, FRITZ, Robert. *A Verdade dá Lucro*. São Paulo: Editora Gente, 2007.

BOGDAN, Robert & Sari Biklen. *Investigação qualitativa em educação*. Portugal: Porto Editora, 1994.

BOMBINSKI, Dan. *Equipes Movidas pela Paixão*. São Paulo: Editora Campus/Elsevier, 2012.

BONO, Edward de. *A Revolução positiva*. Rio de Janeiro: Record, 1989.

_____. *Pensamento lateral*. Rio de Janeiro: Record, 2000.

_____. *Seis sapatos atuantes*. São Paulo: Pioneira, 1994.

_____. *Criatividade levada a sério*. São Paulo: Pioneira, 1994.

BORDIN FILHO, Sady. *Marketing Pessoal: 100 Dicas para Valorizar a Sua Imagem*. Rio de Janeiro: Record, 2002.

BROCKA, Bruce & BROCKA, M. Suzane. *Gerenciamento de qualidade*. São Paulo: Makron Books, 1994.

BROTTO, Fábio Otuzi. *Jogos Cooperativos*. Santos: Editora Re-Novada, 1999.

BRUNTON, Paul. *Ideias em perspectiva*. São Paulo: Pensamento, 1991.

BUITONI, Gian Luigi Longinotti. *Vendendo sonhos*. São Paulo: Negócios Editora, 2000.

BUTWIN, Robert. *Network Marketing com Esperteza das Ruas*. Record. Rio de Janeiro, 1999.

CANDELORO, Raúl. *A Hora da Virada*. São Paulo: Editora Campus/Elsevier, 2010.

CAPODAGLI, Bill & Lynn Jackson. *O Estilo Disney*. São Paulo: Makron Books, 2000.

CARLZON, Jan. *A hora da verdade*. Rio de Janeiro: Cop. Editora, 1994.

CARNEGIE, Dale. *Como evitar preocupações e começar a viver.* São Paulo: Cia. Editorial Nacional, 2000.

CARNEGIE, Dale. *O Líder em Você*. Rio de Janeiro: Record, 1999.

_____. *Como fazer amigos e influenciar pessoas*. São Paulo: Cia. Editorial Nacional, 1995.

_____. *Como venceram os grandes homens*. São Paulo: Edyamx, 1990.

CARNEGIE, Dale and Associates, CROM, J. Oliver. *Alta Performance em Vendas*. Rio de Janeiro: Editora Best Seller, 2009.

CASTILHO, Áurea. *A dinâmica do trabalho de grupo*. Rio de Janeiro: Qualitymark, 1994.

CAVALCANTE FILHO, Manoel de Barros. *Reengenharia de Mente*. Mogi das Cruzes: Oriom, 2002.

CHUNG, Tom. *Qualidade Começa em Mim*. São Paulo: Maltesse, 1998.

CITRIN, James M. , SMITH, Richard A. *As cinco atitudes para uma carreira espetacular.* São Paulo: Elsevier/ Negócio Editora, 2003.

COHEN, Allan R. , BRADFORD, David L., *Influência sem Autoridade*. São Paulo: Editora Évora Ltda, 2012.

COHEN, Herb. *Você Pode Negociar Qualquer Coisa*. Rio de Janeiro: Editora Record, 1993.

CONNELLAN, Tom. *Nos Bastidores da Disney*. São Paulo: Editora Futura, 1998.

COVEY, Stephen R. *Os 7 Hábitos das Pessoas Muito Eficazes*. São Paulo: Best Seller, 1989.

CULLINANE, John J. *Manual de Sobrevivência do Empreendedor.* Rio de Janeiro: Berkeley Business, 1993.

DIAMOND, Stuart. *Consiga o que você quer.* Rio de Janeiro: Editora Sextante, 2012.

DONADIO, Mario. *T&D Total*. Rio de Janeiro: Qualitymark, 1999.

DOZ L. Yves & HAMEL Gary. *A Vantagem das Alianças*. Rio de Janeiro: Qualitymark, 2000.

DRUCKER, Peter. *Sociedade Pós-Capitalista*. São Paulo: Pioneira, 1999.

DYER, Wayne W. *Seus Pontos Fracos*. Rio de Janeiro: Nova Era, 1976.

EKMAN, Paul. *A Linguagem das Emoções*. São Paulo: Editora Lua de Papel, 2011.

FADIMAN, James & FRAGER, Robert . *Teorias da Personalidade*. São Paulo: Harbra, 1986.

FILHO, Manoel de Barros Cavalcante. *Reengenharia de Mente*. Mogi das Cruzes: Oriom, 2002.

FILHO, Sady Bordin. *Marketing Pessoal: 100 Dicas para Valorizar a Sua Imagem*. Record. Rio de Janeiro, 2002.

FREIBERG, Kievin & FREIBERG, Jackie. *Nuts! As soluções criativas da Southwest Airlines para o sucesso Pessoal e nos Negócios*. São Paulo: Editora Manole, 2000.

FUKUYAMA, Francis. *Confiança as Virtudes Sociais e a Criação da Prosperidade*. Rio de Janeiro: Editora Rocco, 1996.

FUSFELD, Daniel R. *A Era do Economista*. São Paulo: Saraiva, 2001.

GARDNER, Howard. *Estruturas da Mente*. São Paulo: ARTMED, 1994.

GELLER, Lois K. *Respostas Rápidas de MKT Direto*. Campus. Rio de Janeiro, 1998.

GEUS, Arie. *A Empresa Viva*. Rio de Janeiro: Campus, 1999.

GIANGRANDE, Vera & José Carlos Figueiredo. *O Cliente Tem Mais do que Razão*. Gente. São Paulo, 1997.

GITOMER, Jeffrey. *O Livro Azul da Confiança.* São Paulo: M. Books, 2010.

GITOMER, Jeffrey. *Estratégico Livro da Liderança.* São Paulo: M. Books, 2011.

GODRI, Daniel. *Conquistar e Manter Clientes.* Eko. Blumenau, 1998.

GOLDSMITH, Marshall & REITER, Mark. *Reinventando Seu Próprio Sucesso.* São Paulo: Editora Campus/ Elsevier, 2007.

GOLEMAN, Daniel. *Inteligência Emocional.* São Paulo: Objetiva, 1996.

GREENE, Robert & ELFFERS, Joost. *As 48 Leis do PODER.* Rio de Janeiro: Rocco, 2000.

GREENE, Robert. *33 Estratégias de GUERRA.* Rio de Janeiro: Rocco, 2006.

HARLEY, Jack. *O Redespertar Espiritual no Trabalho.* Rio de Janeiro: Nova Era Record, 1995.

HESSELBEIN, Frances; GOLDSMITH, Marshall & BECKHARD, Richard. *O Líder do Futuro.* 4.ed. São Paulo: Futura, 1996.

HESSELBEIN, Francês & COHEN, Paul M. *De Líder para Líder.* São Paulo: Futura, 1999.

HILL, Napoleon. *Pense e Enriqueça.* São Paulo: Papelivros, 1966.

HILL, Napoleon. *A Lei do Triunfo.* Rio de Janeiro: José Olympio, 1996.

HOMERO. *Odisséia*: Cultrix, 2013.

IACOCCA, Lee & KLEINFIELD, Sonny. *Falando Francamente.* São Paulo: Cultura, 1988.

IVEY, Paul W. *A Arte de Vender.* Mérito S.A. São Paulo, 1937.

JOHNSON, Curtis L. *Gerenciando como a Máfia.* Nobel. São Paulo, 2001.

JR., Rafael Aguayo. *Dr. Dreaming.* Rio de Janeiro, 1993.

JR., Thomas Wood. *Remuneração por Habilidade e por Competência.* Atlas. São Paulo, 1999.

KATZENBACH, R. Jon. *Orgulho: a nova e verdadeira motivação.* Rio de Janeiro. Elsevier, 2003.

KEAN, David, COWPE, Chris. *Como fazer amigos e influenciar os Lucros.* Rio de Janeiro: Editora Best Business, 2010.

KELLER, Maryann. *Colisão: GM, Toyota, Volkswagen.* Rio de Janeiro: Campus, 1994.

KELLEY, Tom. *A Arte da Inovação.* São Paulo: Futura, 2001.

KIEL, Fred & LENNICK, Doug. *Inteligência Moral.* São Paulo: Editora Campus/Elsevier, 2005.

KIYOSAKI, Robert T. e Sharon L. Lechter. *Independência Financeira.* Campus. Rio de Janeiro, 2001.

KOCH, Richard. *As Leis do Poder.* Rio de Janeiro: Rocco, 2003.

KOTLER, Philip. *Marketing para o Século XXI.* Futura. São Paulo, 1999.

KOUZES, James M. & POSNER, Barry Z. *Credibilidade.* São Paulo: Editora Campus/Elsevier, 2012.

KUCZMARSKI, Susan S. & KUCZMARSKI, Thomas D. *Liderança Baseada Em Valores.* São Paulo: Editora Educator, 1999.

LEVITT, Theodore. *Repensando a Gerência.* Rio de Janeiro: Campus, 1991.

LINNEMAN, Robert e John L. Stanton Jr. *Marketing de Nichos.* Makron Books. São Paulo, 1993.

LOPES, Artur. *Negócios Sem Crise - Melhore Os Resultados de Sua Empresa e Evite As Armadilhas Que Podem Arruiná-la.* São Paulo: Editora Évora Ltda, 2012.

LUZ, Daniel C. *Insight.* DVS Editora. São Paulo, 2001.

LYNCH, Dudley & Paul L. Kordis. *A Estratégia do Golfinho.* São Paulo: Cultrix, 1988.

MACKAY, Harvey. *Cave um Poço Antes de Sentir Sede.* Record. Rio de Janeiro, 1999.

MANDELLI, Pedro. *Muito Além da Hierarquia.* São Paulo: Gente, 2001.

MAQUIAVEL, Nicolau. *O Príncipe.* São Paulo: Jardim dos Livros, 2007.

MARTIN, Roger. *Design de Negócios.* Rio de Janeiro: Campus, 2012.

MASLOW, Abraham H. *Maslow no Gerenciamento.* Rio de Janeiro: Qualitymark, 2000.

McKENNA, Regis. *Estratégias de Marketing em Tempos de Crise.* Campus. São Paulo, 1999.

McNEILLY, Mark. *Sun Tzu e a Arte dos Negócios.* Campus. São Paulo, 1999.

MOORE. James F. *O Fim da Concorrência.* São Paulo: Futura, 1996.

MORAIS, José A. , ALMEIDA, Othon C. B. *A Coragem de Mudar.* Rio de Janeiro: Editora Record, 1995.

MOSCOVICI, Fela. *Desenvolvimento Interpessoal.* Rio de Janeiro: José Olympio, 1985.

NAISBITT, John. *Paradoxo Global.* Rio de Janeiro: Campus, 1999.

NEVES, Newton José de Oliveira & Milton Fagundes. *A Nova Trajetória Profissional.* Mission. São Paulo, 1999.

OECH, Roger Von. *Um Toc na Cuca.* São Paulo: Cultura, 1995.

OHMAE, Kenichi. *O Fim do Estado.* Campus. São Paulo, 1999.

_____. *O Poder de Tríade.* São Paulo: Pioneira, 1989.

ORLICK, Terry. *Vencendo a Competição.* Círculo do Livro. São Paulo, 1978.

OWEN, Jo. *A Arte de Influenciar Pessoas.* São Paulo: Editora Lafonte, 2011.

OWEN, Jo. *Gestão Nua e Crua.* São Paulo: Elsevier/ Negócio Editora, 2012.

PENTEADO, J. Roberto Whitaker. *Marketing Best.* Makron Books. São Paulo, 1999.

POPCORN, Faith. *O Relatório Popcorn.* São Paulo: Campus, 1999.

POWEL, John & Loretta Brady. *Arrancar Máscaras! Abandonar Papéis.* São Paulo: Editora Loyola, 2000.

PREIS, Kenneth, GOLDMAN, Steve L., NAGEL, Roger N. *Cooperar para Competir.* São Paulo: Editora Futura, 1998.

RASIEL, Ethan M. *O Jeito Mckinsey de Ser.* São Paulo: Makron Books, 2000.

RIES, Al. *As 22 Consagradas Leis das Marcas.* Makron Books. São Paulo, 2000.

RIES, Al. *Foco.* Makron Books. São Paulo, 1996.

RIES, Al & TROUT, Jack. *Horse Sense.* São Paulo: Makron Books, 1991.

ROBBINS, Anthony. *Poder Sem Limites.* Best Seller. São Paulo, 1987.

RODRIGUES, Valter. *Marketing no Varejo.* Globo. São Paulo, 1997.

SCHMITT, Bernd H. & Alex Simonsen.1998. *Estética do Marketing.* Nobel. São Paulo.

SCHMITT, Bernd H. *Marketing Experimental.* Nobel. São Paulo, 2000.

SENGE, Peter; Art Kleiner; Charlote Roberts; Ross Richard, George Roth & Bryan Smith. *A Quinta Disciplina: A Dança das Mudanças.* Campus. Rio de Janeiro, 2000.

SHOOK, Robert L. *As Melhores Histórias de Vendas Contadas pelos Maiores Vendedores do Mundo.* Makron Books. São Paulo, 1997.

SILVEIRA, Michelle B, SILVEIRA, Paulo C. *PROSPERIDADE.* São Paulo: IDHPS Editora, 2008.

Simoni, João de. *Promoção de Vendas.* Makron Books. São Paulo, 1997.

SIRKIN, Harold L., HEMERLING, James W., BHATTACHARYA, Arindam. *GLOBALIDADE – A Nova Era da Globalização.* Rio de Janeiro: Editora Nova Fronteira, 2008.

SLATER, Robert. *Liderança de Alto Impacto.* São Paulo: Campus, 1999.

SYLVER, Marshall. Paixão, Lucro & Poder. Rio de Janeiro: Rocco, 1997.

SOLOMON, Robert C. , FLORES, Fernando. *Construa Confiança.* São Paulo: Editora Record, 2002.

SPENDOLINI, Michael J. *Benchmarking.* São Paulo: Makron Books, 1993.

STEIN, Ademir S. *A Mágica do Sucesso.* Mogi das Cruzes: Oriom Editora, 2002.

SVIOKLA, John J. & Benson P. Shapiro. *Mantendo Clientes.* Makron Books. São Paulo, 1994.

TAYLOR, Calvin W. *Criatividade. Progresso e Potencial.* São Paulo: IBRASA,1976.

TIBA, Içami. *O Executivo e sua Família.* São Paulo: Gente, 1998.

TOMANINI, Cláudio. *Na Trilha do Sucesso.* São Paulo: Editora Gente, 2009.

TOMASKO, Robert. *Crescer, Não Destruir.* São Paulo: Campus, 1999.

TWENTER, Jerry D. *O Poder do Elogio.* Rio de Janeiro: Record, 1994.

ULRICK, Dave. *Os Campeões de Recursos Humanos.* São Paulo: Futura, 1998.

UNDERHILL, Paco. *Vamos às Compras.* Campus. Rio de Janeiro, 1999.

URY, William. *Chegando à Paz.* Campus. Rio de Janeiro, 1999.

VECCHIO, Egídio. *Análise Transacional nas Vendas.* Vozes. Petrópolis, 1979.

VIANNA, Marco Aurélio & Luiz Augusto Junqueira. *Gerente Total.* Gente. São Paulo, 1996.

WANG, Charles B. *Techno Vision 2.* São Paulo: Makron Books, 1998.

WEIL, Pierre & TOMPAKOW, Roland. *O Corpo Fala.* Petrópolis: Vozes, 1986.

WELCH, Jack & BYRNE, John A. *Jack Definitivo.* Rio de Janeiro: Editora Campus, 2001.

WELCH, Jack. *O Executivo do Século.* Rio de Janeiro: Negócio Editora, 2001.

WHITELEY, Richard C. *Ame Seu Trabalho.* São Paulo: Editora Futura, 2002.

WOOD JR., Thomas. *Remuneração por Habilidade e por Competência.* São Paulo: Atlas, 1999.

ZANINI, Marco Tulio. *CONFIANÇA.* São Paulo: Editora Campus/Elsevier, 2007.

ZIGLAR, Zig & John P. Hayes. *Marketing de Redes de Distribuição para Dummies.* Campus. Rio de Janeiro, 2001.

ZOLTNERS, Andris A., SINHA, Prabhaknt, ZOLTNERS, Greggor A., *Manual Completo para Acelerar o Desempenho da Força de Vendas.* São Paulo: Cultrix / Meio & Mensagem, 2004.